誰もが輝く

「人間主義の世紀」へ!

池田 大作

目次

装幀　HAL　堀井美恵子

一、本書は、「大白蓮華」に掲載された「世界を照らす太陽の仏法」（二〇二〇年一月号～五月号）を、著者の了解を得て『誰もが輝く「人間主義の世紀」へ！』として収録した。

一、御書の引用は、『日蓮大聖人御書全集　新版』（創価学会版、第三刷）に基づき、ページ数は（新〇〇ページ）と示した。『日蓮大聖人御書全集』（創価学会版、第二七八刷）のページ数は（全〇〇ページ）と示した。

一、法華経の引用は、『妙法蓮華経並開結』（創価学会版、第二刷）に基づき（法華経〇〇ページ）と示した。

一、引用文のなかで、旧字体を新字体に、旧仮名遣いを現代仮名遣いに改めたものもある。また、句読点を補ったものもある。

一、肩書、名称、時節等については、掲載時のままにした。

一、説明が必要と思われる語句には、〈注〇〉を付け、編末に「注解」を設けた。

——編集部

学会は地球規模《ちきゅうきぼ》で「不軽《ふきょう》」の実践《じっせん》

妙法の
広布の旅《たび》は
遠《とお》けれど
共《とも》に励《はげ》まし
共々《ともども》に征《ゆ》かなむ

恩師《おんし》・戸田城聖先生が一九五五年（昭和三十年）の新年《しんねん》、共戦《きょうせん》の弟子《でし》に贈《おく》ってくださった、懐《なつ》かしい和歌《わか》です。「広宣流布大誓堂《だいせいどう》」の北側広場《きたがわひろば》にも、この和歌《わか》が刻《きざ》まれた歌碑《かひ》があります。

「広布の旅《たび》」とは、日本はもとより、仏法西還《せいかん》の月氏《がっし》たるインドへ、さらには全世界《ぜんせかい》へ「妙法を拡《ひろ》むる旅《たび》」にほかなりません。今《いま》もこの和歌《わか》を口ずさむたびに、一閻浮提《いちえんぶだい》広宣流布の長征《ちょうせい》の旅《たび》を、永遠《えいえん》に師《し》と共《とも》に！　同志《どうし》と共々《ともども》に！　と決意《けつい》を新《あら》たにします。幾度《いくど》となく、烈風《れっぷう》を耐《た》え抜《ぬ》き、苦難《くなん》の山々を乗《の》り越《こ》え、私たちの遥《はる》かな「広布の旅《たび》」は、いよいよ全地球《ぜんちきゅう》を包《つつ》み、学会創立《そうりつ》百周年《しゅうねん》の栄光《えいこう》の峰《みね》も、明確《めいかく》に視界《しかい》に入ってきました。

「励《はげ》まし」とは相手《あいて》への尊敬《そんけい》と信頼《しんらい》

恩師《おんし》が教《おし》え残《のこ》してくださった「共《とも》に励《はげ》まし　共々《ともども》に」——ここに仏法の人間主義《しゅぎ》の実践《じっせん》が凝結《ぎょうけつ》しています。

「励《はげ》まし」とは、決《けっ》して一方通行《いっぽうつうこう》ではなく、「共《とも》に」「共々《ともども》に」と言われているように、互《たが》いに励《はげ》まし、励《はげ》まされるものです。

その根底《こんてい》には、相手《あいて》への尊敬《そんけい》と信頼《しんらい》があります。人間が本来具《ほんらいそな》える尊厳性《そんげんせい》、内発《ないはつ》の善《ぜん》なる力《ちから》を、どこまでも信《しん》じていくのです。

この大確信《だいかくしん》から、人生の悲哀《ひあい》や宿命《しゅくめい》に苦悩《くのう》する友《とも》を励《はげ》まし抜《ぬ》かれたのが、戸田先生です。どんな人《ひと》も仏性《ぶっしょう》（仏《ほとけ》の生命）を具《そな》えた尊《とうと》い存在《そんざい》として、希望《きぼう》の光《ひかり》を送《おく》り続《つづ》けられたのです。

私もまた不二《ふに》の弟子《でし》として、励《はげ》ましに徹《てっ》してきました。

法華経に説《と》かれる不軽菩薩《ふきょうぼさつ》〈注1〉の行動《こうどう》とは、まさしくこうした「励《はげ》まし」の真髄《しんずい》とも言えるのではないでしょうか。

「不軽《ふきょう》」すなわち「軽《かろ》んじない」とは、「人を敬《うやま》う」ことです。目《め》の前《まえ》の一人の生命《せいめい》を尊《とうと》ぶからこそ、心《こころ》の底《そこ》から勇気《ゆうき》を奮《ふる》い起《お》こさせ、本源的《ほんげんてき》な生きる力《ちから》を強《つよ》く呼《よ》び覚《さ》ますことができるのです。とともに、励《はげ》ますことは励《はげ》まされることです。人間尊敬《そんけい》の行動《こうどう》が自身《じしん》の生命《せいめい》を鍛《きた》え、限《かぎ》りなく豊《ゆた》かにするのです。

仏法は「人《ひと》の振《ふ》る舞《ま》い」の中に

「一代《いちだい》の肝心《かんじん》は法華経《ほけきょう》、法華経《ほけきょう》の修行《しゅぎょう》の肝心《かんじん》は不軽品《ふきょうほん》にて候《そうろう》なり。不軽菩薩《ふきょうぼさつ》の人《ひと》を敬《うやま》いしは、いかなることぞ。教主釈尊《きょうしゅしゃくそん》の出世《しゅっせ》の本懐《ほんかい》は人《ひと》の振《ふ》る舞《ま》いにて候《そうら》いけるぞ」（新一五九七㌻・全一一七四㌻）

この仰《おお》せを拝《はい》して申《もう》し上げれば、私たちは皆《みな》、広宣流布の使命《しめい》を受《う》け継《つ》ぐ「地涌《じゆ》の菩薩《ぼさつ》」〈注2〉です。と同時《どうじ》に、法華経《ほけきょう》の修行《しゅぎょう》として「不軽菩薩《ふきょうぼさつ》」の行《こう》動《どう》を、悪世《あくせ》の娑婆世界《しゃばせかい》において勇《いさ》んで広《ひろ》げているのです。それは、目《め》の前《まえ》の一人を励《はげ》ます「人《ひと》の振《ふ》る舞《ま》い」の精髄《せいずい》であり、「生命尊厳《せいめいそんげん》」と「人間尊敬《そんけい》」を核《かく》心《しん》とする対話運動《たいわうんどう》です。

日蓮大聖人は、不軽菩薩《ふきょうぼさつ》と、末法《まっぽう》の法華経の行者《ぎょうじゃ》である御自身《ごじしん》を重《かさ》ね合《あ》わせられ、次《つぎ》のように仰《おお》せになられました。

顕仏未来記《けんぶつみらいき》

御文

（新六〇八ページ・全五〇七ページ）

この人《ひと》は、守護《しゅご》の力《ちから》を得《え》て、本門《ほんもん》の本尊《ほんぞん》・妙法蓮華経《みょうほうれんげきょう》の五《ご》字《じ》をもって閻浮提《えんぶだい》に広宣流布《こうせんるふ》せしめんか。例《れい》せば、威音王仏《いおんのうぶつ》の像法《ぞうほう》の時《とき》、不軽菩薩《ふきょうぼさつ》「我深敬《がじんきょう》（我《われ》は深《ふか》く敬《うやま》う）」等《とう》の二十四字《にじゅうよじ》をもって彼《か》の土《ど》に広宣流布《こうせんるふ》し、一国《いっこく》の杖《じょう》木等《もくとう》の大難《だいなん》を招《まね》きしがごとし。

彼《か》の二十四字《にじゅうよじ》とこの五字《ごじ》とは、その語《ことば》殊《こと》なりといえども、その意《い》これ同《おな》じ。彼《か》の像法《ぞうほう》の末《まつ》とこの末法《まっぽう》の初《はじ》めとは、全《まった》く同《おな》じ。彼《か》の不軽菩薩《ふきょうぼさつ》は初随喜《しょずいき》の人《ひと》、日蓮《にちれん》は名字《みょうじ》の凡夫《ぼんぷ》なり。

現代語訳

この人（法華経の行者《ぎょうじゃ》）は、諸天善神《しょてんぜんじん》らの守護《しゅご》の力《ちから》によって、本門《ほんもん》の本尊である妙法蓮華経の五字を全世界《ぜんせかい》に広宣流布させていくであろう。

例《たと》えば、威音王仏《いおんのうぶつ》の像法時代《ぞうほうじだい》に不軽菩薩《ふきょうぼさつ》が「我深敬《がじんきょう》」などの二十四文字《もじ》の法華経を、その国土《こくど》に広宣流布して、国中《くにじゅう》の人から杖《つえ》や棒《ぼう》で打《う》たれるなどという大難《だいなん》を招いたようなものである。

（弘《ひろ》める教法《きょうほう》について）不軽菩薩《ふきょうぼさつ》の二十四文字《もじ》の法華経と、この妙法蓮華経の五字と、その言葉《ことば》は違《ちが》っていても、その根本《こんぽん》の意味《いみ》は同《おな》じである。

（弘通《ぐつう》の時《とき》について）不軽《ふきょう》の出現《しゅつげん》した威音王仏《いおんのうぶつ》の像法時代《ぞうほうじだい》の末《まつ》と、今《いま》の末法《まっぽう》の初《はじ》めと全《まった》く同《おな》じである。

（弘通《ぐつう》の人について）かの不軽菩薩《ふきょうぼさつ》は初随喜《しょずいき》（法《ほう》を聞《き》いて歓喜《かんき》の心《こころ》を起《お》こす初信《しょしん》の位《くらい》）の人であり、日蓮は名字即《みょうじそく》（初《はじ》めて仏《ほとけ》の教《おし》えを聞《き》いて仏弟子《ぶつでし》となった段階《だんかい》）の凡夫《ぼんぷ》で、（修行《しゅぎょう》の位《くらい》は最初《さいしょ》であり共《とも》に）等《ひと》しいのである。

“ありのままの姿《すがた》で幸福《こうふく》になる”

「顕仏未来記《けんぶつみらいき》」〈注3〉は、一九五六年（昭和三十一年）一月、歴史的《れきしてき》な「大阪の戦《たたか》い」のスタートに際《さい》して、戸田先生が中之島《なかのしま》の大阪市中央公会堂《ちゅうおうこうかいどう》で講義《こうぎ》してくださった御書です。

ここに示《しめ》された「二十四文字《もじ》の法華経」〈注4〉に当《あ》たる言葉《ことば》は、戸田先生の所持《しょじ》された法華経にも、印《しるし》が付《ふ》されています。

先生は、「不軽菩薩《ふきょうぼさつ》も大聖人も、だれが見ても偉《えら》そうな光相《こうそう》、光《ひかり》を放《はな》った仏《ほとけ》様《さま》のような姿《すがた》はしていない。大聖人は凡夫《ぼんぷ》の姿《すがた》そのままでいらっしゃる。また不軽菩薩《ふきょうぼさつ》は初随喜《しょずいき》、信仰《しんこう》を始《はじ》めたばかりの姿《すがた》でいるのです」と、語《かた》られました。

すなわち、私たちも、ありのままの姿《すがた》で幸福《こうふく》になれると断言《だんげん》されたのです。

信心は歓喜《かんき》の心《こころ》が大事《だいじ》

「末法《まっぽう》の仏《ほとけ》」とは凡夫《ぼんぷ》です。方便《ほうべん》として説《と》かれた色相荘厳《しきそうしょうごん》の仏《ほとけ》（超人的《ちょうじんてき》な特徴《とくちょう》をそなえた荘厳《そうごん》な姿《すがた》の仏《ほとけ》）ではない。立派《りっぱ》そうな格好《かっこう》をしたり、行儀《ぎょうぎ》や体裁《ていさい》などに囚《とら》われたり、見栄《みえ》を張《は》る必要《ひつよう》など全《まった》くない。この娑婆世界《しゃばせかい》で生きる生身《なまみ》の人間こそが、本来《ほんらい》、尊極《そんごく》の生命《せいめい》を具《そな》えた仏《ほとけ》なのです。

また「初随喜《しょずいき》」と仰《おお》せです。私たちで言えば、信心は年数《ねんすう》や役職《やくしょく》で決《き》まらない。みずみずしい歓喜《かんき》の心《こころ》が大事《だいじ》であることを、まだ入会まもない関西の同志《どうし》たちに示《しめ》してくださったのです。

縁《えん》する人に自《みずか》ら近《ちか》づき対話《たいわ》を

当時《とうじ》、戸田先生の講義《こうぎ》に聴《き》き入《い》っていた友《とも》の多《おお》くが苦悩《くのう》を抱《かか》えていました。しかし、絶望感《ぜつぼうかん》に打《う》ちひしがれた人も、自信《じしん》を失《うしな》って会場《かいじょう》に来《き》た人もいました。しかし、先生は、堂々《どうどう》と仏法を語《かた》っていけば良《よ》いのだ、御聖訓《ごせいくん》に照《て》らし、必《かなら》ず仏《ほとけ》の大境涯《だいきょうがい》を得《え》ることができる、絶対《ぜったい》の幸福境涯《こうふくきょうがい》を開《ひら》いていける信心なのだと、大いなる勇気《ゆうき》を送《おく》ってくださった。〝皆《みな》、凡夫《ぼんぷ》の姿《すがた》で成仏《じょうぶつ》の境涯《きょうがい》になれるんだ。立派《りっぱ》な凡夫《ぼんぷ》なんだよ〟とのご指導《しどう》が、飾《かざ》らない庶民《しょみん》の心《こころ》に強《つよ》く入ったのでしょう。わが同志《どうし》は、歓喜踊躍《かんきゆやく》して打《う》って出《で》ました。

不軽菩薩《ふきょうぼさつ》の振《ふ》る舞《ま》いさながら、会《あ》う人、見る人、縁《えん》する人ごとに、自《みずか》ら近《ちか》づき、勇気《ゆうき》を奮《ふる》って「絶対《ぜったい》に幸《しあわ》せになれる信心です！」「題目で必《かなら》ず悩《なや》みを解決《かいけつ》できます！」と対話《たいわ》を広《ひろ》げ、あの不滅《ふめつ》の金字塔《きんじとう》を築《きず》きました。

「鏡《かがみ》に向《む》かって礼拝《らいはい》をなす時、浮《う》かべる影《かげ》また我《われ》を礼拝《らいはい》するなり」（新一〇七一ページ・全七六九ページ）との如《ごと》く、どんな相手《あいて》であれ、一人一人に厳然《げんぜん》と具《そな》わる仏性《ぶっしょう》を礼拝《らいはい》したのです。この仰《おお》せは牧口常三郎先生が線《せん》を引《ひ》かれていた一節《いっせつ》です。

聡明《そうめい》にして柔軟《じゅうなん》な対応《たいおう》

不軽菩薩《ふきょうぼさつ》は、決《けっ》して高位《こうい》の菩薩《ぼさつ》ではありません。学問《がくもん》のある修行者《しゅぎょうしゃ》とも説《と》かれていない。ただひと筋《すじ》に「私はあなた方《がた》を深《ふか》く敬《うやま》い、軽《かろ》んじません」と礼拝《らいはい》を貫《つらぬ》く。しかし、聞《き》いた人々は、感謝《かんしゃ》するどころか、お前《まえ》のような無智《むち》の者《もの》が何《なに》を言《い》うか、と憤怒《ふんぬ》し、攻撃《こうげき》します。

ところが不軽菩薩《ふきょうぼさつ》は、杖木瓦石《じょうもくがしゃく》などを加《くわ》えられれば、さっと避《さ》けて、石などが届《とど》かない遠《とお》くに走《はし》り去《さ》り、そこでまた、大声《おおごえ》で「あなた方《がた》は必《かなら》ず仏《ほとけ》になるのですよ」と叫《さけ》ぶのです。聡明《そうめい》であり、柔軟《じゅうなん》です。賢《かしこ》く暴力《ぼうりょく》を避《さ》けながら、言《い》うべきことは言《い》い切《き》っていくのです。また、いくら悪口《あっこう》されても悲観《ひかん》も落胆《らくたん》もなく、自分《じぶん》は怒《いか》らずカラッとして、来《く》る日も来《く》る日も、人々の中へ飛《と》び込《こ》んでいくのです。その粘《ねば》り強《づよ》い振《ふ》る舞《ま》いに人間性が光《ひか》ります。

どこまでも一対一の対話《たいわ》を

不軽菩薩《ふきょうぼさつ》の行動《こうどう》について、もう一点《てん》、私が着目《ちゃくもく》したいことがあります。不軽《ふきょう》の言葉《ことば》を聞《き》いた人々は、反発《はんぱつ》しながらも、〝自分《じぶん》に言《い》われたものだ〟と、それぞれが心の奥底《おうてい》で受《う》け止《と》めざるを得《え》なかったということです。すなわち、不軽《ふきょう》は一人一人の生命《せいめい》に向《む》けて仏法の真髄《しんずい》を伝《つた》えていたとも言《い》えましょう。法師品第十《ほっしほんだい》には、「能《よ》く竊《ひそ》かに一人《いちにん》の為《ため》にも」法華経のただ一句《いっく》をも説《と》く人は、まさに〝如来《にょらい》の使《つか》い〟であり、〝如来《にょらい》の仕事《しごと》〟を行《おこな》っているとあります（法華経三五七ジペー）。

「一人」に向《む》き合《あ》い、「一人」のために説《と》く。不軽菩薩《ふきょうぼさつ》は、来る年《とし》も来《く》る年《とし》も、たゆむ心《こころ》なく人々の中に飛《と》び込《こ》み、一人また一人と対話《たいわ》を重《かさ》ねていった。そうやって、「二十四文字《もじ》の法華経」、すなわち、万人尊敬《ばんにんそんけい》の法華経の人間主義《しゅぎ》を広宣流布していったのです。

御文

（新一〇六六ジ・全七六五ジ）

第十《だいじゅう》「聞其所説《もんごしょせつ》、皆信伏随従《かいしんぶくずいじゅう》（その所説《しょせつ》を聞《き》いて、皆信伏随従《みなしんぶくずいじゅう》す）」の事《こと》

御義口伝《おんぎくでん》に云《い》わく、「聞《もん》」とは、名字即《みょうじそく》なり。所詮《しょせん》は、「而強毒之《にごうどくし》（しかも強《し》いてこれを毒《どく》す）」の題目《だいもく》なり。「皆《かい》」とは、上慢《じょうまん》の四衆等《ししゅとう》なり。「信《しん》」とは、「無疑曰信《むぎわっしん》（疑《うたが》いなきを信《しん》と曰《い》う）」明了《みょうりょう》なり。「伏《ぶく》」とは、法華《ほっけ》に帰伏《きぶく》するなり。「随《ずい》」とは、心《こころ》を法華経《ほけきょう》に移《うつ》すなり。「従《じゅう》」とは、身《み》をこの経《きょう》に移《うつ》すなり。詮《せん》ずるところ、今《いま》、日蓮等《にちれんら》の類《たぐ》い、南無妙法蓮華経と唱《とな》え奉《たてまつ》る

行者《ぎょうじゃ》は、末法《まっぽう》の不軽菩薩《ふきょうぼさつ》なり。

現代語訳

上慢《じょうまん》の四衆《ししゅ》は不軽菩薩《ふきょうぼさつ》を軽《かろ》んじ賤《いや》しんだが、「(不軽《ふきょう》が大神通力《だいじんずうりき》、楽説《ぎょうせつ》辯力《べんりき》、大善寂力《だいぜんじゃくりき》を得《え》たのを見、)その(不軽《ふきょう》の)教《おし》えを聞《き》き、皆《みな》、信伏随《しんぶくずい》従《じゅう》した」と説《と》かれた文《もん》についての御義口伝《おんぎくでん》である。

「その教《おし》えを聞《き》いて」の「聞《もん》」とは、六即《ろくそく》の中では名字即《みょうじそく》である。所詮《しょせん》は、而強毒之《にごうどくし》の(妙法蓮華経の)題目の力《ちから》である。

「皆《かい》」とは増上慢《ぞうじょうまん》の四衆《ししゅ》たちである。

信伏随従《しんぶくずいじゅう》の「信《しん》」とは無疑曰信《むぎわっしん》の「信《しん》」であり、「伏《ぶく》」とは法華経に帰伏《きぶく》することである。「随《ずい》」とは心《こころ》を法華経に移《うつ》すことであり、「従《じゅう》」とは身《み》を法華経に移《うつ》すことである。

所詮《しょせん》、今《いま》、日蓮及《およ》びその門下《もんか》として南無妙法蓮華経と唱《とな》える行者《ぎょうじゃ》は「末法《まっぽう》の不軽菩薩《ふきょうぼさつ》」である。

大誠実《だいせいじつ》の行動《こうどう》が相手《あいて》を変《か》える

広宣流布に行動《こうどう》する私たち一人一人こそが、有《あ》り難《がた》くも「末法《まっぽう》の不軽菩薩《ふきょうぼさつ》」であると示《しめ》された「御義口伝《おんぎくでん》」〈注5〉の一節《せつ》です。「常不軽品三十箇《じょうふきょうほんさんじっか》の大事《だいじ》」のうち「第十《だいじゅう》」の講義《こうぎ》の箇所《かしょ》からです。

この御文《ごもん》では、不軽菩薩《ふきょうぼさつ》を侮辱《ぶじょく》し迫害《はくがい》した増上慢《ぞうじょうまん》の四衆《ししゅ》が最後《さいご》に帰伏《きぶく》したことは、「而強毒之《にごうどくし》」〈注6〉の題目の力《ちから》によってであることを示《しめ》されています。経文《きょうもん》に「其《そ》の教《おし》えを聞《き》いて」とある直前《ちょくぜん》には、上慢《じょうまん》の四衆《ししゅ》は、不軽菩薩《ふきょうぼさつ》が大《だい》神通力《じんつうりき》などを得《え》たのを見たとあります。それは、多《おお》くの人を感服《かんぷく》させずにはおかない人格《じんかく》の輝《かがや》きであり、誰人《たれびと》をも納得《なっとく》させる雄弁《ゆうべん》の力《ちから》ともいえましょう。それまで不軽菩薩《ふきょうぼさつ》を軽《かろ》んじていた増上慢《ぞうじょうまん》の人々は驚嘆《きょうたん》したのです。「すごい人だ、私たちが間違《まちが》っていた」と。

仏法は勝負《しょうぶ》です。迫害《はくがい》に屈《くっ》して「不軽《ふきょう》」の実践《じっせん》から退《しりぞ》いてしまえば、増上慢《ぞうじょうまん》の魔《ま》に対《たい》する敗北《はいぼく》です。不軽菩薩《ふきょうぼさつ》は不屈《ふくつ》の実践《じっせん》に徹《てっ》し抜《ぬ》いたことにより、増上《ぞうじょう》慢《まん》の人間たちの方《ほう》が、遂《つい》に「信伏随従《しんぶくずいじゅう》」しました。どんなに侮蔑《ぶべつ》され、迫害《はくがい》されても、万人《ばんにん》の仏性《ぶっしょう》を信《しん》じ抜《ぬ》いた不軽菩薩《ふきょうぼさつ》の大誠実《だいせいじつ》の行動《こうどう》が勝《まさ》ったと言《い》えます。

万人尊敬《ばんにんそんけい》の行動《こうどう》が、人々を慈悲《じひ》の光《ひかり》で包《つつ》み、迫害《はくがい》した四衆《ししゅ》の心《こころ》を変《か》えていきました。その源《みなもと》が、「『而強毒之《にごうどくし》』の題目」にあるのです。

「人間の尊厳《そんげん》」築《きず》く社会《しゃかい》の実現《じつげん》へ

世界的《せかいてき》な平和学者《へいわがくしゃ》で、「ノンキリング（不殺生《ふせっしょう》）社会《しゃかい》」の実現《じつげん》を訴《うった》えてこられたグレン・ペイジ博士〈注7〉とお会《あ》いした際《さい》、不軽《ふきょう》の精神《せいしん》と行動《こうどう》を語《かた》ったことがあります。

私は、不軽菩薩《ふきょうぼさつ》は物理的《ぶつりてき》な暴力《ぼうりょく》にも、言論《げんろん》の暴力《ぼうりょく》にも強靱《きょうじん》に耐《た》えながら、万人《ばんにん》に仏《ほとけ》の生命《せいめい》があることを信《しん》じ、誰人《たれびと》をも「軽《かろ》んぜず」、万人《ばんにん》を尊敬《そんけい》し続《つづ》けたことを紹介《しょうかい》しました。

そして、次《つぎ》のように語《かた》りました。

――暴力《ぼうりょく》に暴力《ぼうりょく》で抗《こう》するのはたやすい。しかし、それでは悪《あく》の輪廻《りんね》は止《と》まらない。また暴力《ぼうりょく》に泣《な》き寝入《ねい》りしていても悪《あく》を助長《じょちょう》する。

そのどちらでもなく、「人間の尊厳《そんげん》」を侵《おか》す、あらゆる暴力《ぼうりょく》に対《たい》して、非暴力《ひぼうりょく》の強靱《きょうじん》なる信念《しんねん》で、妥協《だきょう》なく戦《たたか》い抜《ぬ》いていく。そこに仏教《ぶっきょう》の実践《じっせん》がある。

生命尊厳《せいめいそんげん》のために、我《わ》が身《み》を盾《たて》として生《い》き抜《ぬ》いた人は、「我《われ》、魂《たましい》の勝利者《しょうりしゃ》なり」との凱歌《がいか》が胸中《きょうちゅう》に轟《とどろ》いていくにちがいない。こうした勇者《ゆうしゃ》を育《そだ》て、非暴力《ひぼうりょく》の精神土壌《せいしんどじょう》を耕《たがや》していく。そこにこそ、いわゆる恒久平和《こうきゅうへいわ》への基盤《きばん》もできあがっていくと信《しん》じます――と。

博士は、全面的《ぜんめんてき》に賛同《さんどう》してくださいました。まさしく、不軽菩薩《ふきょうぼさつ》の行動《こうどう》を現代《げんだい》に展開《てんかい》し、平和《へいわ》への挑戦《ちょうせん》を続《つづ》けているのが、私たちの世界的規模《せかいてききぼ》で結《むす》ばれた善《ぜん》の連帯《れんたい》です。

「そこに、人間がいるからです」

一九七五年（昭和五十年）の一月二十六日、グアムでＳＧＩ（創価学会インタナショナル）が発足《ほっそく》した時のことです。その誕生《たんじょう》に、私は断固《だんこ》たる決心《けっしん》で臨《のぞ》みました。冷戦下《れいせんか》にあって、世界《せかい》は東西両陣営《とうざいりょうじんえい》に分断《ぶんだん》されていました。この氷壁《ひょうへき》を越《こ》え、必《かなら》ず民衆《みんしゅう》と民衆《みんしゅう》を結《むす》び、確《たし》かな人類融和《じんるいゆうわ》の道《みち》を開《ひら》いていくのだ――と。

だからこそ、その前年《ぜんねん》、私は、社会体制《しゃかいたいせい》の異《こと》なる中国へ、さらにソ連（現《げん》ロシア）へ飛《と》び、新《あら》たな友好《ゆうこう》の扉《とびら》を開《ひら》きました。

「宗教否定《しゅうきょうひてい》の国《くに》に、なぜ行《い》くのか？」

批判《ひはん》の声《こえ》に、私は答《こた》えました。

「そこに、人間がいるからです！　人間に会《あ》いに私は行《い》くのです」と。

地球《ちきゅう》を包《つつ》む「世界市民《せかいしみん》の連帯《れんたい》」

一切衆生《いっさいしゅじょう》のための仏法です。ゆえに、あの不軽菩薩《ふきょうぼさつ》が貫《つらぬ》いたように、人間を尊敬《そんけい》し、人間が輝《かがや》くことを願《ねが》って行動《こうどう》するのです。誰《だれ》かの犠牲《ぎせい》の上に自分《じぶん》の幸《こう》福《ふく》を築《きず》くのではなく、誰《だれ》しもが人間として尊厳《そんげん》を守《まも》られる時代《じだい》を築《きず》くため、民《みん》衆《しゅう》の平和《へいわ》と幸福《こうふく》のため、地球社会《ちきゅうしゃかい》の安穏《あんのん》のために、創価学会はあるのです。

不思議《ふしぎ》にして崇高《すうこう》なる使命《しめい》を帯《お》びて、創価の「世界市民《せかいしみん》の連帯《れんたい》」は湧現《ゆげん》しました。

以来《いらい》、出発時《しゅっぱつじ》に代表《だいひょう》が参加《さんか》した五十一カ国・地域《ちいき》から、今《いま》や百九十二カ国・地域《ちいき》に広《ひろ》がり、聖教新聞には、毎日《まいにち》のように世界中《せかいじゅう》の同志《どうし》の活躍《かつやく》が紹介《しょうかい》される時代《じだい》になりました。

各地《かくち》に現代《げんだい》の不軽菩薩《ふきょうぼさつ》のドラマ

南極《なんきょく》に最《もっと》も近《ちか》い都市《とし》、アルゼンチンのウスアイアの友《とも》が登場《とうじょう》したかと思《おも》えば、ロシア極東地域《きょくとうちいき》のウラジオストクの友《とも》の笑顔《えがお》が弾《はじ》けます。大西洋《たいせいよう》に浮《う》かぶ島国《しまぐに》カボベルデの友《とも》がいれば、ポーランドの世界遺産《せかいいさん》の古都《こと》クラクフでも生《い》き生《い》きと対話《たいわ》に励《はげ》む同志《どうし》がいます。

仏教発祥《ぶっきょうはっしょう》のインドをはじめ、アジアに、欧州《おうしゅう》に、アフリカに、北中南米《ほくちゅうなんべい》に、オセアニアに、地涌《じゆ》の友《とも》は勇《いさ》んで躍《おど》り出《で》ました。

いずこの地《ち》にあっても、「一人を大切《たいせつ》に」「自他共《じたとも》の幸福《こうふく》を」「宿命《しゅくめい》を使命《しめい》に」「平和《へいわ》の連帯拡大《れんたいかくだい》へ」「共々《ともども》に人間革命《かくめい》を」と、励《はげ》ましの対話《たいわ》が朗《ほが》らかに繰《く》り広《ひろ》げられています。

そのドラマはまさに、万人《ばんにん》の生命《せいめい》に尊極《そんごく》の仏性《ぶっしょう》の輝《かがや》きを見て礼拝《らいはい》した「不軽《ふきょう》の精神《せいしん》と行動《こうどう》」の結実《けつじつ》といっても過言《かごん》ではありません。

今日一日《きょういちにち》が未来《みらい》の世界《せかい》を決《けっ》する

ＳＧＩ発足《ほっそく》という新《あら》たな「広布の旅《たび》」「平和の旅《たび》」の出発《しゅっぱつ》に際《さい》して、私は偉《い》大《だい》な使命《しめい》の宿縁深《しゅくえんふか》き世界《せかい》の友《とも》に呼《よ》び掛《か》けました。

「今日《きょう》の日の意義《いぎ》は、五十年、百年と年を重《かさ》ねるにしたがい、燦然《さんぜん》と輝《かがや》きを増《ま》していきます」「今日《きょう》から皆《みな》さんが何《なに》をするか――それが未来《みらい》の世界《せかい》を決《けっ》するんです」

いよいよ これからが本番《ほんばん》！

今《いま》こそ清新《せいしん》な決意《けつい》で行動《こうどう》を開始《かいし》したい。

今日《きょう》から私たちは、何《なに》をするのか、と。

それは、まさしく「創価の不軽菩薩《ふきょうぼさつ》」として、人々の中へ分《わ》け入《い》り、自他共《じたとも》の幸福《こうふく》と勝利《しょうり》のために、勇気《ゆうき》をもって語《かた》り合《あ》い、朗《ほが》らかに励《はげ》まし合《あ》って前進《ぜんしん》することです。その一歩一歩《いっぽいっぽ》によって、「未来《みらい》の世界《せかい》」へ、大いなる希望《きぼう》の大道《だいどう》が開《ひら》かれていく――。
誰《だれ》もが輝《かがや》く「生命尊厳《せいめいそんげん》の世紀《せいき》」「人間主義《しゅぎ》の世紀《せいき》」を創《つく》りゆく、私たちの壮《そう》大《だい》な不軽《ふきょう》の挑戦《ちょうせん》は、いよいよこれからが本番《ほんばん》なのです。

〔注　解〕

〈注1〉【不軽菩薩《ふきょうぼさつ》】法華経常不軽菩薩品第《じょうふきょうぼさつほんだい》二十に説《と》かれる菩薩《ぼさつ》。釈尊《しゃくそん》の過去世《かこせ》の姿《すがた》で、威音王仏《いおんのうぶつ》の像法時代《ぞうほうじだい》の末《まつ》に、「私はあなたたちを敬《うやま》う。なぜなら、あなたたちは菩薩《ぼさつ》の修行《しゅぎょう》をすれば、仏《ほとけ》になるからです」と、万人《ばんにん》を礼拝《らいはい》した。慢心《まんしん》の比丘《びく》（出家《しゅっけ》の男性《だんせい》）・比丘尼《びくに》（出家《しゅっけ》の女性《じょせい》）・優婆塞《うばそく》（在家《ざいけ》の男性《だんせい》）・優婆夷《うばい》（在家《ざいけ》の女性《じょせい》）の「上慢《じょうまん》の四衆《ししゅ》」から悪口罵詈《あっくめり》や杖《じょう》木瓦石《もくがしゃく》の迫害《はくがい》を受《う》けたが、礼拝行《らいはいぎょう》を貫《つらぬ》き通《とお》した。その修行《しゅぎょう》が因《いん》となって成仏《じょうぶつ》した。

〈注2〉【地涌《じゆ》の菩薩《ぼさつ》】法華経従地涌出品第《じゅうじゆじゅっぽんだい》十五で、釈尊《しゃくそん》が滅後《めつご》における妙法弘通《ぐつう》を託《たく》すべき人々として呼《よ》びいだした菩薩《ぼさつ》たち。大地《だいち》から涌出《ゆじゅつ》したので地涌《じゆ》の菩薩《ぼさつ》という。

〈注3〉【顕仏未来記《けんぶつみらいき》】文永《ぶんえい》十年（一二七三年）閏《うるう》五月十一日、日蓮大聖人が、佐渡流罪中《さどるざいちゅう》に一谷《いちのさわ》で述作《じゅっさく》された書《しょ》。大聖人の未来記《みらいき》として、仏法が東《ひがし》の日本から西《にし》のインドへ還《かえ》る「仏法西還《ぶっぽうせいかん》」が明《あ》かされている。

〈注4〉【二十四文字《もじ》の法華経】不軽菩薩《ふきょうぼさつ》が一切衆生《いっさいしゅじょう》に仏性《ぶっしょう》があるとして人々を礼拝《らいはい》して説《と》いた経文《きょうもん》のこと。「我深敬汝等《がじんきょうにょとう》、不敢軽慢《ふかんきょうまん》。所以者何《しょいしゃが》、汝等皆行菩薩道《にょとうかいぎょうぼさつどう》、当得作仏《とうとくさぶつ》（我《われ》は深《ふか》く汝等《なんだち》を敬《うやま》い、敢《あ》えて軽慢《きょうまん》せず。所以《ゆえん》は何《いか》ん、汝等《なんだち》は皆《みな》菩薩《ぼさつ》の道《どう》を行《ぎょう》じて、当《まさ》に作仏《さぶつ》することを得《う》べければなり）」（法華経五五七㌻）と、漢字《かんじ》の字数《じすう》が二十四文字《もじ》あり、万人成仏《ばんにんじょうぶつ》という法華経の教理《きょうり》が略説《りゃくせつ》されていることから、「二十四文字《もじ》の法華経」という。

〈注5〉【御義口伝《おんぎくでん》】日蓮大聖人が、身延《みのぶ》で法華経の要文《ようもん》を講義《こうぎ》され、それを日興上人《にっこうしょうにん》が筆録《ひつろく》したと伝《つた》えられている。上下二巻《かん》からなる。

〈注6〉【而強毒之《にごうどくし》】「而《しか》も強《し》いて之《これ》を毒《どく》す」と読《よ》む。天台《てんだい》の『法華文句《ほっけもんぐ》』にある言葉《ことば》。正法《しょうほう》を聞《き》くのを好《この》まない者《もの》に対《たい》しても、強《し》いてこれを説《と》いて仏縁《ぶつえん》を結《むす》ばせること。

〈注7〉【グレン・ペイジ博士】一九二九年～二〇一七年。アメリカの平和学者《へいわがくしゃ》。マサチューセッツ州《しゅう》ブロクトン生まれ。プリンストン大学、ハーバード大学に学び、ハワイ大学教授《きょうじゅ》（政《せい》治学《じがく》）。一九九四年、地球非暴力《ちきゅうひぼうりょく》センター（現在《げんざい》のグローバル・ノンキリング・センター）を創立《そうりつ》し、所長《しょちょう》に就任《しゅうにん》。「ノンキリングの社会《しゃかい》と世界《せかい》」の概念《がいねん》を提唱《ていしょう》し、池田先生とも幾度《いくど》も、暴力《ぼうりょく》なき世界構築《せかいこうちく》への語《かた》らいを重《かさ》ねた。

「自他共《じたとも》の幸福《こうふく》」を開《ひら》く大慈悲《だいじひ》の聖業《せいぎょう》

二〇二〇年の二月十一日は、恩師《おんし》・戸田城聖《じょうせい》先生の生誕《せいたん》百二十周年《しゅうねん》の佳節《かせつ》となりました。

「地涌《じゆ》の菩薩《ぼさつ》の皆《みな》さん、やろうではないか！」——折伏《しゃくぶく》の大将軍《だいしょうぐん》であられた先生は、愛《あい》する同志《どうし》に呼《よ》び掛《か》けられました。

折伏《しゃくぶく》・弘教《ぐきょう》は、日蓮大聖人から末法《まっぽう》広布を託《たく》された仏意仏勅《ぶついぶっちょく》の教団《きょうだん》にして、地涌《じゆ》の菩薩《ぼさつ》の陣列《じんれつ》である創価学会の誇《ほこ》り高《たか》き使命《しめい》です。

ここにこそ、自他共《じたとも》の幸福《こうふく》を実現《じつげん》する日蓮仏法の真髄《しんずい》があり、宗教《しゅうきょう》の生命線《せいめいせん》があります。

拡大《かくだい》という師弟共戦《していきょうせん》の歴史《れきし》を

一九五二年（昭和二十七年）の厳冬《げんとう》、青年の私は、〝日蓮大聖人の御聖誕《ごせいたん》の月、そして、戸田先生のお誕生月《たんじょうづき》の二月を最高《さいこう》の弘教《ぐきょう》でお祝《いわ》いしよう〟と、蒲《かま》田《た》支部の人たちに訴《うった》えました。

私は、偉大《いだい》なる広宣流布の師匠《ししょう》の弟子《でし》として、必《かなら》ず「報恩《ほうおん》の拡大《かくだい》」を成《な》し遂《と》げようと決《き》めていたのです。それが、後《のち》に「二月闘争《とうそう》」と呼《よ》ばれる、広布拡大《かくだい》の突破口《とっぱこう》を開《ひら》いた戦《たたか》いとなりました。

何《なに》より広布の前進《ぜんしん》こそが、師匠《ししょう》への最大最上《さいだいさいじょう》の報恩《ほうおん》です。

妙法弘通《ぐつう》は「今生人界《こんじょうにんかい》の思《おも》い出《で》」

御書には、「すべからく、心《こころ》を一《いつ》にして南無妙法蓮華経と我《われ》も唱《とな》え他《た》をも勧《すす》めんのみこそ、今生人界《こんじょうにんかい》の思《おも》い出《で》なるべき」（新五一九ジペー・全四六七ジペー）と仰《おお》せです。

妙法を唱《とな》え弘《ひろ》める実践《じっせん》は、相手《あいて》を幸福《こうふく》の軌道《きどう》に導《みちび》くことはもちろん、自分自身《じぶんじしん》も福徳《ふくとく》に包《つつ》まれ、自他共《じたとも》に幸《しあわ》せになる直道《じきどう》です。弘教《ぐきょう》の行動《こうどう》には、仏道修行《ぶつどうしゅぎょう》の一切《いっさい》が余《あま》すことなく含《ふく》まれ、信心が凝縮《ぎょうしゅく》されています。

ここでは、世界中《せかいじゅう》で明《あか》るく朗《ほが》らかに、幸《さち》の仏法対話《たいわ》を繰《く》り広《ひろ》げる創価学会の使命《しめい》と確信《かくしん》について学んでいきましょう。

御義口伝《おんぎくでん》

御文

（新一〇二七ジペー・全七三六ジペー）

第三《だいさん》「如来所遣《にょらいしょけん》、行如来事《ぎょうにょらいじ》（如来《にょらい》に遣《つか》わされて、如来《にょらい》の事《じ》を行《ぎょう》ず）」の事《こと》

御義口伝《おんぎくでん》に云《い》わく、法華《ほっけ》の行者《ぎょうじゃ》は如来《にょらい》の使《つか》いに来《きた》れり。「如来《にょらい》」とは釈迦《しゃか》、「如来事《にょらいじ》」とは南無妙法蓮華経なり。「如来《にょらい》」とは、十界三千《じっかいさんぜん》の衆生《しゅじょう》のことなり。今《いま》、日蓮等《にちれんら》の類《たぐ》い、南無妙法蓮華経と唱《とな》え奉《たてまつ》るは、真実《しんじつ》の御使《おんつか》いなり云々《うんぬん》。

現代語訳

法華経法師品第十《ほっしほんだい》の「是《こ》の人《ひと》は則《すなわ》ち如来《にょらい》の使《つかい》にして、如来《にょらい》に遣《つか》わされて、如来《にょらい》の事《じ》を行《ぎょう》ず」について、御義口伝《おんぎくでん》では次《つぎ》のように仰《おお》せである。

末法《まっぽう》に法華経を弘《ひろ》める者《もの》は如来《にょらい》、すなわち仏《ほとけ》の使《つか》いとして出現《しゅつげん》した

のである。

如来《にょらい》とは釈尊《しゃくそん》、「如来《にょらい》の事《じ》」とは南無妙法蓮華経である。また、如《にょ》来《らい》とは十界三千《じっかいさんぜん》の衆生《しゅじょう》、すなわち、あらゆる衆生《しゅじょう》を意味《いみ》するのである。

今《いま》、日蓮およびその門下《もんか》として南無妙法蓮華経を唱《とな》え奉《たてまつ》るものは、真実《しんじつ》の仏《ほとけ》の使《つか》いなのである。

「仏《ほとけ》の使《つか》い」として生まれてきた

私たちは、今《いま》、この時《とき》に、それぞれの国土《こくど》に、「仏《ほとけ》の使《つか》い」として生まれてきたのです。宿縁深《しゅくえんふか》き師弟《してい》、同志《どうし》として、尊《とうと》き使命《しめい》を帯《お》びて、共《とも》に生きているのです。

ここで拝《はい》する「御義口伝《おんぎくでん》」は、末法《まっぽう》にあって妙法を弘通《ぐつう》する大聖人と門下《もんか》こそが、法華経の文《もん》に照《て》らして「真実《しんじつ》の仏《ほとけ》の使《つか》い」であることを教《おし》えられた一節《いっせつ》です。「法師品《ほっしほん》十六箇《じゅうろっか》の大事《だいじ》」のうち「第三《だいさん》」の講義《こうぎ》からの箇所《かしょ》です。

もともと、「『如来《にょらい》』とは、十界三千《じっかいさんぜん》の衆生《しゅじょう》のことなり」と説《と》かれる通《とお》り、私たち衆生《しゅじょう》こそが如来《にょらい》、つまり仏《ほとけ》なのです。

したがって、「如来《にょらい》の使《つか》い」と言《い》っても、特別《とくべつ》な存在《そんざい》ではありません。御本尊を信《しん》じ、南無妙法蓮華経と自《みずか》ら唱《とな》え、他者《たしゃ》にも弘《ひろ》め、「如来《にょらい》の事《じ》」を行《ぎょう》じていることが、誰人《たれびと》であっても「真実《しんじつ》の仏《ほとけ》の使《つか》い」となるのです。

発心下種《ほっしんげしゅ》と聞法下種《もんぼうげしゅ》の功徳《くどく》は同《おな》じ

「折伏《しゃくぶく》をやっている人、学会活動をやっている人を大事《だいじ》にしなさい。その方々《かたがた》こそ、日蓮仏法の真髄《しんずい》を実践《じっせん》しているからだ」

戸田先生は、弘教《ぐきょう》の同志《どうし》を最大《さいだい》に讃《たた》えられました。

また、なかなか弘教《ぐきょう》が実《みの》らずに悩《なや》んでいる、健気《けなげ》な同志《どうし》には、「何《なに》も嘆《なげ》くことはないよ。すぐに信心する発心下種《ほっしんげしゅ》と法《ほう》を聞《き》かせる聞法下種《もんぽうげしゅ》〈注1〉は、功《く》徳《どく》は同《おな》じだ。必《かなら》ず実《みの》る時《とき》が来《く》る。だから、どしどし下種《げしゅ》をするんだ」と温《あたた》かく励《はげ》まされました。

実《みの》る、実《みの》らないを問《と》わず、折伏《しゃくぶく》をしようという心《こころ》それ自体《じたい》が、仏《ほとけ》の心《こころ》です。折伏《しゃくぶく》を行《ぎょう》じることそのものが、仏《ほとけ》の願《ねが》いである万人《ばんにん》の幸福《こうふく》を実現《じつげん》する聖業《せいぎょう》に参《さん》加《か》していることになるのです。無量《むりょう》の功徳《くどく》は間違《まちが》いありません。

ですから、仮《かり》に無理解《むりかい》から批判《ひはん》されても、行動《こうどう》した分《ぶん》だけ、そのまま自分自《じぶんじ》身《しん》の善根《ぜんこん》になります。「真心《まごころ》が通《つう》じますように」「如来《にょらい》の使《つか》いとして、今世《こんぜ》の使《し》命《めい》を果《は》たさせてください」と祈《いの》り抜《ぬ》きながら、大きな心《こころ》で進《すす》めばよいのです。全部《ぜんぶ》、仏縁《ぶつえん》になるのですから、楽《たの》しく賑《にぎ》やかにやればいいのです。

語《かた》った方《ほう》も、話《はなし》を聞《き》いた方《ほう》も、両方《りょうほう》、功徳《くどく》が出《で》る。「声、仏事《ぶつじ》をなす」（新九八五ジペー・全七〇八ジペー等）です。

皆《みな》が「絶対的幸福境涯《ぜったいてきこうふくきょうがい》」に

戸田先生は、法難《ほうなん》の牢獄《ろうごく》にあって、身《み》の自由《じゆう》を奪《うば》われながらも、ご自身《じしん》がまさに虚空会《こくうえ》〈注2〉に連《つら》なった地涌《じゆ》の菩薩《ぼさつ》にほかならないことを悟《さと》られました。「我《われ》、地涌《じゆ》の菩薩《ぼさつ》なり」との大確信《だいかくしん》を得《え》た戸田先生の「獄中《ごくちゅう》の悟達《ごだつ》」こそ、今日《こんにち》の世界《せかい》広宣流布の道《みち》が開《ひら》かれた瞬間《しゅんかん》でした。

先生は、全民衆《ぜんみんしゅう》を、自身《じしん》が獄中《ごくちゅう》で得《え》たのと同《おな》じ、地涌《じゆ》の使命《しめい》、仏《ほとけ》の使《つか》いの誇《ほこ》りに目覚《めざ》めさせようとされたのです。

先生は弟子《でし》に対《たい》して、「折伏《しゃくぶく》をしてください」とお願《ねが》いはされませんでした。ただ皆《みな》を、生きていること、それ自体《じたい》が楽《たの》しいという絶対的幸福境涯《ぜったいてきこうふくきょうがい》〈注3〉にまで高《たか》めようとされたのです。そのために、「仏《ほとけ》の使《つか》い」として生きることを強《つよ》く訴《うった》えられたのです。

「南無妙法蓮華経で生きている」

戸田先生に、「折伏《しゃくぶく》をするということは、即《そく》、自分自身《じぶんじしん》を折伏《しゃくぶく》することに通《つう》ずるでしょうか」と質問《しつもん》したことがあります。

先生は、「それでは、教《おし》えよう」と、信心の極意《ごくい》を語《かた》ってくださいました。

「自分自身《じぶんじしん》が南無妙法蓮華経で生きているということです。それ以外《いがい》に折伏《しゃくぶく》はないのです。手練手管《てれんてくだ》も方法《ほうほう》もなにもありません」

南無妙法蓮華経で生きている――なんと素晴《すば》らしい言葉《ことば》でしょうか。

仏《ほとけ》の使《つか》い、地涌《じゆ》の菩薩《ぼさつ》として、使命《しめい》を果《は》たすために、生《い》きて生《い》き抜《ぬ》くということです。生《い》き方《かた》の根底《こんてい》に、折伏精神《しゃくぶくせいしん》があるということです。そうすれば、おのずから、人生観《じんせいかん》、生死観《しょうじかん》に仏法の偉大《いだい》さが現《あらわ》れてきます。根底《こんてい》にこの信心の確信《かくしん》と誇《ほこ》りがあれば、自然《しぜん》と仏法の偉大《いだい》さを語《かた》りたくなるものです。また、自《じ》身《しん》の姿《すがた》を通《とお》して仏法を証明《しょうめい》していくことができます。これが、わが生命《せいめい》を南無妙法蓮華経の律動《りつどう》に合致《がっち》させることにほかなりません。

仏《ほとけ》の生命《せいめい》は、瞬時《しゅんじ》も離《はな》れず、つねに「私たちと共《とも》に」あり、いつも一緒《いっしょ》であり、一体《いったい》です。「仏性《ぶっしょう》も仏身《ぶっしん》も衆生《しゅじょう》の当体《とうたい》の色心《しきしん》」（新一一一五ページ・全八〇〇ページ）なのです。ゆえに、仏《ほとけ》の智慧《ちえ》も、力《ちから》も、勇気《ゆうき》も自在《じざい》に使《つか》いこなせる境涯《きょうがい》にならないわけがありません。

仏《ほとけ》の大生命力《だいせいめいりょく》が脈動《みゃくどう》する

戸田先生は、「ただただ、自分《じぶん》は南無妙法蓮華経以外《いがい》になにもない！と決《き》めることを、末法《まっぽう》の折伏《しゃくぶく》というのです」とも語《かた》られました。

私たち自身《じしん》のありのままの姿《すがた》は、悩《なや》みに覆《おお》われ、社会《しゃかい》の荒波《あらなみ》の中で悪戦苦闘《あくせんくとう》している凡夫《ぼんぷ》です。しかし、大聖人の御遺命《ごゆいめい》である「慈折《じしゃく》広宣流布」を、わが使命《しめい》と定《さだ》めて進《すす》むことで、いかなる宿命《しゅくめい》の嵐《あらし》をも勝《か》ち越《こ》える、大生命力《だいせいめいりょく》が脈動《みゃくどう》します。瞬間《しゅんかん》、瞬間《しゅんかん》に仏《ほとけ》の生命《せいめい》が涌現《ゆげん》するのです。

先師《せんし》・牧口常三郎先生が大切《たいせつ》にされていた「御義口伝《おんぎくでん》」の一節《いっせつ》に、「煩悩《ぼんのう》の淤泥《おでい》の中《なか》に真如《しんにょ》の仏《ほとけ》あり。我《われ》ら衆生《しゅじょう》のことなり」（新一〇三二ページ・全七四〇ページ）との御文《ごもん》があります。

そして、必《かなら》ず全《すべ》てを勝《か》ち越《こ》え、未来永遠《みらいえいえん》に、これ以上《いじょう》ないという幸福《こうふく》の境涯《きょうがい》を築《きず》き、子孫末代《しそんまつだい》まで功徳《くどく》が伝《つた》わる。このことを御本仏《ごほんぶつ》がお約束《やくそく》になられているのです。これ以上《いじょう》の喜《よろこ》びも誇《ほこ》りもないではありませんか。

三大秘法稟承事《さんだいひほうほんじょうじ》（三大秘法抄《さんだいひほうしょう》）

御文　（新一三八七ページ・全一〇二二ページ）

題目《だいもく》とは二《ふた》つの意有《いあ》り。いわゆる正像《しょうぞう》と末法《まっぽう》となり。正法《しょうほう》には、天親菩薩《てんじんぼさつ》・竜樹菩薩《りゅうじゅぼさつ》、題目《だいもく》を唱《とな》えさせ給《たま》いしかども、自行《じぎょう》ばかり唱《とな》えてさて止《や》みぬ。像法《ぞうほう》には、南岳《なんがく》・天台等《てんだいとう》、また南無妙法蓮華経と唱《とな》え給《たま》いて、自行《じぎょう》のためにして広《ひろ》く他《た》のために説《と》かず。これ理行《りぎょう》の題目《だいもく》なり。

末法《まっぽう》に入《い》って、今《いま》、日蓮《にちれん》が唱《とな》うるところの題目《だいもく》は、前代《ぜんだい》に異《こと》なり、自行《じぎょう》・化他《けた》に亘《わた》って南無妙法蓮華経なり。名《みょう》・体《たい》・宗《しゅう》・用《ゆう》・教《きょう》の五重玄《ごじゅうげん》の五字《ごじ》なり。

現代語訳

題目とは二つの意義《いぎ》がある。いわゆる正法《しょうほう》・像法《ぞうほう》の題目と末法《まっぽう》における題目である。

正法時代《しょうほうじだい》には天親菩薩《てんじんぼさつ》・竜樹菩薩《りゅうじゅぼさつ》が題目を唱《とな》えられたけれども、自《じ》行《ぎょう》ばかりであって、これで止《と》まってしまった。像法時代《ぞうほうじだい》には南岳《なんがく》・天《てん》台等《だいとう》がまた南無妙法蓮華経と唱《とな》えられたが、自行《じぎょう》のためであって広く《ひろ》他人《たにん》のために説《と》かなかった。これらは理行《りぎょう》の題目である。
末法《まっぽう》に入って、今《いま》、日蓮が唱《とな》える題目は前《まえ》の時代《じだい》とは異《こと》なって自《じ》行《ぎょう》・化他《けた》の両面《りょうめん》にわたる南無妙法蓮華経である。この題目は名《みょう》・体《たい》・宗《しゅう》・用《ゆう》・教《きょう》の五重玄《ごじゅうげん》を具《そな》えた妙法蓮華経の五字である。

末法《まっぽう》は自行化他《じぎょうけた》にわたる唱題行

この「三大秘法抄《さんだいひほうしょう》」〈注4〉の一節《いっせつ》は、末法《まっぽう》の題目の修行《しゅぎょう》を教《おし》えられている箇所《かしょ》です。

正法《しょうほう》・像法時代《ぞうほうじだい》の正師《しょうし》は、自行《じぎょう》のために題目を唱《とな》えたものの、人々には教《おし》えませんでした。それに対《たい》して、大聖人が唱《とな》え始《はじ》められた題目は、末法《まっぽう》の一切衆《いっさいしゅ》生《じょう》を救済《きゅうさい》する、自行《じぎょう》のみならず化他《けた》にもわたる南無妙法蓮華経の唱題行です。

末法《まっぽう》の衆生《しゅじょう》は、南無妙法蓮華経を語《かた》り聞《き》かせて仏種《ぶっしゅ》を生命《せいめい》に直《ただ》ちに植《う》えることによって、内《うち》なる仏性《ぶっしょう》を発動《はつどう》させ、救《すく》っていくしかありません。すなわち、弘《ひろ》めるべき法《ほう》は、南無妙法蓮華経の大法《だいほう》であり、その修行《しゅぎょう》は、自行化他《じぎょうけた》にわたる唱題行なのです。

この題目に五重玄《ごじゅうげん》〈注5〉を具《そな》えていると仰《おお》せなのは、一切衆生《いっさいしゅじょう》を救《すく》いたいと願《ねが》う仏《ほとけ》の智慧《ちえ》と慈悲《じひ》の結晶《けっしょう》であり、あらゆる功力《くりき》、福徳《ふくとく》が余《あま》すことなく含《ふく》まれているということです。

何《なに》を願《ねが》うかに境涯《きょうがい》が現《あらわ》れる

大聖人は、大難《だいなん》の中にあっても、ただ民衆《みんしゅう》の救済《きゅうさい》を祈《いの》り抜《ぬ》かれていました。

「仏心《ぶっしん》とは、大慈悲心《だいじひしん》これなり」（新一〇七〇㌻・全七六九㌻）です。根底《こんてい》に民衆救済《みんしゅうきゅうさい》の大慈悲心《だいじひしん》があってこそ、末法《まっぽう》の唱題行になっていくのです。

私たちは悩《なや》みや苦難《くなん》に直面《ちょくめん》すると、ともすると、自分《じぶん》だけの祈《いの》りに汲々《きゅうきゅう》としてしまいがちです。しかし、何《なに》を祈《いの》るかに、その人の境涯《きょうがい》が現《あらわ》れるのです。広宣流布という大きな祈《いの》りに立てば、自身《じしん》の悩《なや》みは、すっぽり包《つつ》まれます。そして、妙法の功力《くりき》で自身《じしん》の境涯《きょうがい》を広々《ひろびろ》と開《ひら》いて、宿命《しゅくめい》を転換《てんかん》し、一つ一つの悩《なや》みも無上《むじょう》の宝《たから》に変《か》えていくことができます。

私たちの祈《いの》りは、悩《なや》みに囚《とら》われた小我《しょうが》の殻《から》を打《う》ち破《やぶ》って、大我《たいが》に生きるための「誓願《せいがん》の祈《いの》り」です。

他者《たしゃ》の幸福《こうふく》、世界《せかい》の平和《へいわ》に尽《つ》くす自分《じぶん》になる「慈悲《じひ》の祈《いの》り」です。

「師子王《ししおう》の心《こころ》」を取《と》り出《いだ》す「勇気《ゆうき》の祈《いの》り」です。

そして、どこまでも、「人間革命」へ前進《ぜんしん》していける「歓喜《かんき》の祈《いの》り」なのです。

元品《がんぽん》の無明《むみょう》に打《う》ち勝《か》つ実践《じっせん》

それと同時《どうじ》に、私たちが折伏《しゃくぶく》に挑《いど》む中での祈《いの》りは、不幸《ふこう》の根源《こんげん》である「元品《がんぽん》の無明《むみょう》」を打《う》ち破《やぶ》り、「元品《がんぽん》の法性《ほっしょう》」〈注6〉を開《ひら》く「生命変革《せいめいへんかく》の祈《いの》り」となるのです。

「悪《あく》を滅《めっ》するを『功《く》』と云《い》い、善《ぜん》を生《しょう》ずるを『徳《とく》』と云《い》うなり」（新一〇六二ジ《ペー》・全七六二ジ《ペー》）です。

折伏《しゃくぶく》は、自他共《じたとも》の無明《むみょう》を破《やぶ》り、共《とも》に法性《ほっしょう》を開《ひら》く境涯変革《きょうがいへんかく》への挑戦《ちょうせん》です。折伏《しゃくぶく》の字義《じぎ》に込《こ》められた強《つよ》さの本質《ほんしつ》は、不幸《ふこう》を生み出す根源《こんげん》である無明《むみょう》を断《だん》ずる精《せい》神闘争《しんとうそう》にほかならないのです。折伏《しゃくぶく》とは慈悲《じひ》と友好《ゆうこう》の対話《たいわ》の異名《いみょう》です。

戸田先生は、「自分《じぶん》が悩《なや》み苦《くる》しみながら、それでも民衆《みんしゅう》の中に飛《と》び込《こ》んで、皆《みな》を励《はげ》まし救《すく》っていく。だから仏《ほとけ》になれる。だから家族《かぞく》も眷属《けんぞく》も大功徳《だいくどく》に包《つつ》まれるんだよ」と言《い》われていました。

人を救《すく》おうと悩《なや》むことは、仏《ほとけ》の悩《なや》みであり、最《もっと》も崇高《すうこう》な悩《なや》みなのです。「煩《ぼん》悩即菩提《のうそくぼだい》」〈注7〉であり、それが、自身《じしん》を鍛《きた》え磨《みが》き、成仏《じょうぶつ》の因《いん》を積《つ》み、無量《むりょう》の福運《ふくうん》となっていきます。

戸田先生はまた、「折伏《しゃくぶく》をすれば信用《しんよう》が残《のこ》る」とも励《はげ》まされました。あきらめず、たゆまず祈《いの》り、動《うご》き語《かた》る中で、無明《むみょう》を破《やぶ》り、法性《ほっしょう》のままに生きる、絶対《ぜったい》的幸福境涯《てきこうふくきょうがい》を開《ひら》きながら、皆《みな》の心田《しんでん》に幸福《こうふく》と希望《きぼう》の種《たね》を蒔《ま》いていくことができるのです。

我《われ》らは一切衆生《いっさいしゅじょう》に恩《おん》がある

菩薩《ぼさつ》が仏道修行《ぶつどうしゅぎょう》の最初《さいしょ》に立てる四弘誓願《しぐせいがん》〈注8〉の第一《だいいち》は「衆生無辺誓願《しゅじょうむへんせいがん》度《ど》」です。

あらゆる人々を苦悩《くのう》から救《すく》いたい。全民衆《ぜんみんしゅう》の幸福《こうふく》のために尽《つ》くしたい――この慈悲《じひ》の心《こころ》を確立《かくりつ》することが成仏《じょうぶつ》の道《みち》の第一歩《だいいっぽ》です。他人《たにん》の幸福《こうふく》を祈《いの》れる自分《じぶん》になることは、永遠《えいえん》に成長《せいちょう》し、永劫《えいごう》に人生を勝利《しょうり》する、確固《かっこ》たる成仏《じょうぶつ》の軌道《きどう》に入ったことになるからです。

さらに大聖人は「一切衆生《いっさいしゅじょう》なくば、衆生無辺誓願度《しゅじょうむへんせいがんど》の願《がん》を発《おこ》し難《がた》し」（新一二一五ジペー・全九三七ジペー）と、誓願《せいがん》の心《こころ》を開《ひら》き、促《うなが》してくれる苦悩《くのう》の民衆《みんしゅう》こそ恩人《おんじん》であるとまで仰《おお》せです。

今《いま》、国際社会《こくさいしゃかい》が協力《きょうりょく》して取《と》り組《く》んでいるＳＤＧｓ《エスディージーズ》（持続可能な開発目標《じぞくかのうなかいはつもくひょう》）の理《り》念《ねん》である「誰《だれ》も置《お》き去《ざ》りにしないために」とも、大乗菩薩《だいじょうぼさつ》の「衆生無辺誓願《しゅじょうむへんせいがん》度《ど》」は、慈悲《じひ》の精神《せいしん》において共鳴《きょうめい》するのではないでしょうか。

私たち創価学会の世界的運動《せかいてきうんどう》が、確《たし》かな希望《きぼう》の光明《こうみょう》として人類史《じんるいし》に輝《かがや》いていくのは、いよいよこれからです。

他人《たにん》への愛《あい》や思《おも》いやりをもつこと

かつて、歴史学者《れきしがくしゃ》のトインビー博士〈注９〉が日本の読者《どくしゃ》からの質問《しつもん》に答《こた》える、という新聞社《しんぶんしゃ》の企画《きかく》がありました（一九七〇年、毎日新聞社）。私が博士と対《たい》談《だん》を行《おこな》う数年前《すうねんまえ》です。そのなかで、「薄幸《はっこう》の運命《うんめい》を余儀《よぎ》なくされているこの世《よ》の子らは、一体何《いったいなに》を信《しん》じ、何《なに》をたよりとして生きていったらよいでしょうか」

との、ある読者《どくしゃ》からの切実《せつじつ》な問《と》いに、博士は、こう答《こた》えられました。

「人間である以上《いじょう》、金持《かねもち》も貧乏人《びんぼうにん》も同《おな》じ悩《なや》みを持《も》っています——精神的《せいしんてき》、肉体的《にくたいてき》な苦《くる》しみ、いつかは死《し》なねばならぬこと、愛《あい》する人に先立《さきだ》たれることなどです。このような苦悩《くのう》は人生の本質《ほんしつ》の一部《いちぶ》をなすもので、これから救《すく》われるためには、何《なん》らかの宗教《しゅうきょう》を持《も》つ以外《いがい》に方法《ほうほう》はないと信《しん》じます。私がいう〝宗教《しゅうきょう》〟とは、教義《きょうぎ》や儀式《ぎしき》のことではありません。他人《たにん》への愛《あい》や他人《たにん》の幸福《こうふく》に対《たい》する思《おも》いやりの意味《いみ》です」

「人間は自分《じぶん》を自分自身《じぶんじしん》から脱却《だっきゃく》させてくれるような、何《なん》らかの宗教《しゅうきょう》のために生き、またそれを信《しん》じない限《かぎ》り、自分自身《じぶんじしん》にとってもまた他のだれにとっても耐《た》えがたいものとなる」

博士は、私との対談《たいだん》でも「人間の尊厳《そんげん》の確立《かくりつ》」ということを強調《きょうちょう》され、それは「どれだけ慈悲《じひ》と愛《あい》を基調《きちょう》としているかによって」決定《けってい》づけられると言《い》われていました。

私たちが、万人《ばんにん》の尊極性《そんごくせい》を高《たか》らかに謳《うた》いあげる人間主義《しゅぎ》の宗教《しゅうきょう》を実践《じっせん》し、広宣流布の大願《だいがん》、師弟《してい》の誓願《せいがん》に生きることは、どれほど幸《しあわ》せな人生でしょうか。私たちの日々《ひび》の挑戦《ちょうせん》は、友《とも》を救《すく》い、社会《しゃかい》の安穏《あんのん》と平和《へいわ》を築《きず》く確《たし》かな慈愛《じあい》の源泉《げんせん》となっていくのです。

世界《せかい》広布も眼前《がんぜん》の一人から

戸田先生は「大革命《だいかくめい》をやるのだ。武力《ぶりょく》や権力《けんりょく》でやる革命《かくめい》ではない。人間革命という無血《むけつ》革命をやるのだ。これが本当《ほんとう》の革命なのだ」と語《かた》られていました。遠大《えんだい》な世界《せかい》広宣流布といっても、その根本《こんぽん》は、眼前《がんぜん》の一人との対話《たいわ》から始《はじ》まります。

この世《よ》で果《は》たさん使命《しめい》あり

〝今日《きょう》もまた、明日《あす》もまた〟と懸命《けんめい》に歩《あゆ》んだ弘教《ぐきょう》の足跡《そくせき》こそ、生命《せいめい》の法則《ほうそく》に則《のっと》った最極《さいごく》の師弟《してい》の共戦譜《きょうせんふ》として、三世永遠《さんぜえいえん》に輝《かがや》いていくことは間違《まちが》いありません。

〽地《ち》よりか涌《わ》きたる
我《われ》なれば　我《われ》なれば
この世《よ》で果《は》たさん
使命《しめい》あり……

さあ、「人間革命の歌《うた》」を高《たか》らかに歌《うた》いながら、地涌《じゆ》の使命《しめい》を果《は》たすために、共々《ともども》に舞《まい》を舞《ま》うが如《ごと》く、歓喜《かんき》に燃《も》えて縦横無尽《じゅうおうむじん》に前進《ぜんしん》していこうではありませんか！

［注　解］

〈注1〉【発心下種《ほっしんげしゅ》　聞法下種《もんぽうげしゅ》】「発心下種《ほっしんげしゅ》」は、法《ほう》を説《と》き聞《き》かせて発心《ほっしん》させること。衆生《しゅじょう》が法《ほう》を聞《き》いて、仏法の実践《じっせん》を決意《けつい》する場合《ばあい》をいう。「聞法下種《もんぽうげしゅ》」は、法《ほう》を聞《き》かせて成仏《じょうぶつ》の種子《しゅし》を下《お》ろすこと。相手《あいて》の信《しん》・不信《ふしん》に関係《かんけい》なく、成仏《じょうぶつ》の因《いん》となる法《ほう》を説《と》き聞《き》かせる場合《ばあい》をいう。

〈注2〉【虚空会《こくうえ》】法華経の見宝塔品第《けんほうとうほんだい》十一から嘱累品第《ぞくるいほんだい》二十二までの説法《せっぽう》の会座《えざ》は、仏《ほとけ》と全聴衆《ぜんちょうしゅう》が虚空《こくう》にいるなかで行《おこな》われた。この間《かん》、滅後《めつご》の弘通《ぐつう》が勧《すす》められた。このことを「虚空会《こくうえ》の儀式《ぎしき》」という。見宝塔品第《りんほうとうほんだい》十一で宝塔《ほうとう》が出現《しゅつげん》した後《あと》、従地涌出品第《じゅうじゆじゅっぽんだい》十五で地涌《じゆ》の菩薩《ぼさつ》が大《だい》地《ち》の底《そこ》から召《め》しいだされ、如来神力品第《にょらいじんりきほんだい》二十一で上首《じょうしゅ》・上行菩薩《じょうぎょうぼさつ》をはじめとする地涌《じゆ》の菩《ぼ》薩《さつ》に、滅後《めつご》の弘教《ぐきょう》が付嘱《ふぞく》された。

〈注3〉【絶対的幸福境涯《ぜったいてきこうふくきょうがい》】どこにいても、何《なに》があっても、生きていること、それ自体《じたい》が幸福《こうふく》である、楽《たの》しいという境涯《きょうがい》。第二代会長の戸田城聖先生が成仏《じょうぶつ》の境涯《きょうがい》を現代的《げんだいてき》に表現《ひょうげん》した言《こと》葉《ば》。外的条件《がいてきじょうけん》に左右されることのない幸福境涯《こうふくきょうがい》。これに対《たい》する言葉《ことば》が相対的幸福境涯《そうたいてきこうふくきょうがい》。

〈注4〉【三大秘法抄《さんだいひほうしょう》】「三大秘法稟承事《さんだいひほうほんじょうじ》」。大田乗明《おおたじょうみょう》に与《あた》えられた書《しょ》。日蓮大聖人の仏法の肝要《かんよう》である三大秘法《さんだいひほう》について述《の》べられている。

〈注5〉【五重玄《ごじゅうげん》】中国《ちゅうごく》の天台大師《てんだいだいし》が『法華玄義《ほっけげんぎ》』で、釈名《しゃくみょう》・弁体《べんたい》・明宗《みょうしゅう》・論用《ろんゆう》・判教《はんぎょう》（名《みょう》・体《たい》・宗《しゅう》・用《ゆう》・教《きょう》）の五面《めん》から、妙法蓮華経の卓越性《たくえつせい》を釈《しゃく》したもの。

〈注6〉【元品《がんぽん》の無明《むみょう》　元品《がんぽん》の法性《ほっしょう》】「元品《がんぽん》の無明《むみょう》」は、生命《せいめい》の根源的《こんげんてき》な無知《むち》。究極《きゅうきょく》の真実《しんじつ》を明《あ》かした妙法を信《しん》じられず理解《りかい》できない癡《おろ》かさ。また、その無知《むち》から起《お》こる暗《くら》い衝動《しょうどう》。「元品《がんぽん》の法性《ほっしょう》」は、事物《じぶつ》の本性《ほんしょう》、実相《じっそう》のこと。仏《ほとけ》の覚《さと》りである究極《きゅうきょく》の真理《しんり》、生命《せいめい》に本来的《ほんらいてき》に具《そな》わる仏性《ぶっしょう》に当《あ》たる。

〈注7〉【煩悩即菩提《ぼんのうそくぼだい》】煩悩《ぼんのう》に支配《しはい》されている衆生《しゅじょう》の生命《せいめい》に成仏《じょうぶつ》のための覚《さと》りの智慧《ちえ》（菩提《ぼだい》）が現《あらわ》れること。

〈注8〉【四弘誓願《しぐせいがん》】あらゆる菩薩《ぼさつ》が初《はじ》めて発心《ほっしん》した時《とき》に起《お》こす四種《しゅ》の誓願《せいがん》。①衆生無辺誓願度《しゅじょうむへんせいがんど》（一切衆生《いっさいしゅじょう》をすべて覚《さと》りの彼岸《ひがん》に渡《わた》すと誓《ちか》うこと）②煩悩無量誓願断《ぼんのうむりょうせいがんだん》（一切《いっさい》の煩悩《ぼんのう》を断《た》つと誓《ちか》うこと）③法門無尽誓願知《ほうもんむじんせいがんち》（仏《ほとけ》の教《おし》えをすべて学び知《し》ると誓《ちか》うこと）④仏道無上誓願成《ぶつどうむじょうせいがんじょう》（仏道《ぶつどう》において無上《むじょう》の覚《さと》りを成就《じょうじゅ》すると誓《ちか》うこと）。

〈注9〉【トインビー博士】アーノルド・J・トインビー。一八八九年～一九七五年。イギリスの歴史学者《れきしがくしゃ》・文明史家《ぶんめいしか》。ロンドン大学、王立国際問題研究所《こくさいもんだいけんきゅうじょ》の要職《ようしょく》を歴任《れきにん》。代表作《だいひょうさく》『歴史《れきし》の研究《けんきゅう》』は各界《かっかい》に大きな影響《えいきょう》を与《あた》えた。池田先生との対談集《たいだんしゅう》『二十一世紀《せいき》への対話《たいわ》』（『池田大作全集《ぜんしゅう》』第《だい》三巻所収《かんしょしゅう》）は、人類《じんるい》に貴重《きちょう》な展望《てんぼう》を与《あた》えるものとして、今《いま》も大きな反響《はんきょう》を広《ひろ》げている。トインビーの引用《いんよう》は、『トインビーと〝あなた〟の対話《たいわ》――続《ぞく》・未来《みらい》を生きる』（毎日新聞社外信部訳、毎日新聞社）から。

「信心即生活《そくせいかつ》」の軌道《きどう》で皆《みな》が勝利《しょうり》の実証《じっしょう》を

創価学会は座談会《ざだんかい》を大切《たいせつ》にして発展《はってん》してきました。この源流《げんりゅう》は、初代《しょだい》会長の牧口常三郎《つねさぶろう》先生の時代《じだい》に遡《さかのぼ》ります。牧口先生は、ことのほか座談会《ざだんかい》を大事《だいじ》にされました。戦時中《せんじちゅう》、正義《せいぎ》の先生を弾圧《だんあつ》した当局《とうきょく》の起訴状《きそじょう》には、七十歳《さい》を超《こ》えられた先生が、東京の一つの会場《かいじょう》だけでも二年間《ねんかん》で「二百四十余回《よかい》に亘《わた》り」「座談会《ざだんかい》を開《かい》催《さい》し」たと記録《きろく》されています。

大善生活《だいぜんせいかつ》の「実験証明座談会《じっけんしょうめいざだんかい》」

牧口先生は、座談会《ざだんかい》のことを、大善生活《だいぜんせいかつ》の「実験証明座談会《じっけんしょうめいざだんかい》」、また「大善《だいぜん》生活法実証座談会《せいかつほうじっしょうざだんかい》」と名付《なづ》けられました。

〝信心を実験《じっけん》してみて、その正しさを証明《しょうめい》する過程《かてい》と結果《けっか》を語《かた》り合《あ》う集《あつ》まり〟と位置付《いちづ》けられていたのです。

しかも「大善《だいぜん》」です。善《ぜん》の中でも最上《さいじょう》の善《ぜん》ということです。

この名の通《とお》り、御書に説《と》かれる仏法の法理《ほうり》を生活《せいかつ》の場《ば》で実験証明《じっけんしょうめい》しゆく実証《じっしょう》を、生き生きと語《かた》り合《あ》うのが、学会の座談会《ざだんかい》です。

恩師《おんし》・戸田城聖《じょうせい》先生は、「信心が確《たし》かならば、座談会《ざだんかい》で仏界《ぶっかい》、菩薩界《ぼさつかい》を現《げん》ずることができる」と語《かた》られ、どこまでも私たちの座談会《ざだんかい》は、慈愛《じあい》と智慧《ちえ》、確信《かくしん》と勇気《ゆうき》に満《み》ちた明《あか》るい会合《かいごう》なのだと教《おし》えられていました。

この創価の師弟《してい》の願《ねが》いのまま、清新《せいしん》な息吹《いぶき》に満《み》ちあふれた座談会《ざだんかい》は日本のみならず世界の各地《かくち》で開催《かいさい》され、宿縁深《しゅくえんふか》き新入会《しんにゅうかい》のメンバーや、友人《ゆうじん》・知人《ちじん》の方々《かたがた》を交《まじ》えて、対話《たいわ》の花が咲《さ》き薫《かお》ってきました。希望《きぼう》の陽光《ようこう》に満《み》ちあふれた座《ざ》談会《だんかい》は、常《つね》に笑顔《えがお》が満開《まんかい》です。

仏法とは「生活法《せいかつほう》」

各人《かくじん》の生活《せいかつ》と人生の中に脈動《みゃくどう》してこそ、真《しん》の仏法です。どこか、日常生活《にちじょうせいかつ》から切《き》り離《はな》された所《ところ》で修行《しゅぎょう》し、人々《ひとびと》や社会《しゃかい》との関《かか》わりを断《た》ち切《き》るような宗教《しゅうきょう》ではありません。信心を根本《こんぽん》に、どこまでも現実《げんじつ》の生活《せいかつ》を大切《たいせつ》にして努力《どりょく》し、皆《みな》で励《はげ》まし合《あ》いながら〝前《まえ》へ前《まえ》へ〟と前進《ぜんしん》し、勝利《しょうり》の春《はる》を迎《むか》えていくのです。

そのなかで私たちは信仰体験《しんこうたいけん》をつかみます。それがまた、仏法への確信《かくしん》を深《ふか》めます。

そこには常《つね》に、信心を生活《せいかつ》に、仏法を社会《しゃかい》に開《ひら》きゆく実践的展開《じっせんてきてんかい》があるのです。

ここでは「信心即生活《そくせいかつ》」「仏法即社会《そくしゃかい》」をテーマに、日蓮大聖人の御書を繙《ひもと》き、「仏法とは生活法《せいかつほう》」であることを共《とも》に学び合《あ》います。

白米一俵御書《はくまいいっぴょうごしょ》

御文　（新二〇五三ページ・全一五九七ページ）

まことのみち《道》は世間《せけん》の事法《じほう》にて候《そうろう》。金光明経《こんこうみょうきょう》には「もし深《ふか》く世法《せほう》を識《し》らば、即《すなわ》ちこれ仏法《ぶっぽう》なり」ととかれ《説》、涅槃経《ねはんぎょう》には「一切世間《いっさいせけん》の外道《げどう》の経書《きょうしょ》は、皆《みな》これ仏説《ぶっせつ》にして外道《げどう》の説《せつ》にあらず」と仰《おお》せられて候《そうろう》を、妙楽大師《みょうらくだいし》、法華経《ほけきょう》の第六《だいろく》の巻《まき》の「一《いっ》切世間《さいせけん》の治生産業《ちせいさんぎょう》は、皆実相《みなじっそう》と相違背《あいいはい》せず」の経文《きょうもん》に引《ひ》き合《あ》わせて、心《こころ》をあらわされて《顕》候《そうろう》には、彼々《かれがれ》の二経《にきょう》は深心《じんしん》の経々《きょうぎょう》なれども、彼《か》の経々《きょうぎょう》はいまだ心《こころ》あさくして法華経《ほけきょう》に及《およ》ばざれば、世間《せけん》の法《ほう》を仏法《ぶっぽう》に依《よ》せてしらせて候《そうろう》。法華経《ほけきょう》はしからず。やがて世間《せけん》の法《ほう》が仏法《ぶっぽう》の全体《ぜんたい》と釈《しゃく》せられて候《そうろう》。

現代語訳

（成仏《じょうぶつ》への）まことの道《みち》は、世間《せけん》のものごとなのである。

金光明経《こんこうみょうきょう》には「もし世間《せけん》のものごとを深《ふか》く分《わ》かれば、それはそのまま仏法である」と説《と》かれ、涅槃経《ねはんぎょう》には「あらゆる世間一般《せけんいっぱん》の仏教以外《ぶっきょういがい》の教《おし》えを記《しる》した書物《しょもつ》は皆《みな》、仏《ほとけ》の教《おし》えを説《と》いたものであって、仏教以外《ぶっきょういがい》の教《おし》えではない」と明《あ》かされている。

これらの経文《きょうもん》を、妙楽大師《みょうらくだいし》は、法華経の第《だい》六の巻《まき》の「あらゆる世間《せけん》の生業《せいぎょう》は皆《みな》、実相《じっそう》と、相違《そうい》したり背《そむ》きあったりするものではない」との経文《きょうもん》に引《ひ》き合《あ》わせ、その意《い》を明《あき》らかにしている。

〝金光明経《こんこうみょうきょう》と涅槃経《ねはんぎょう》の二経《きょう》は、（諸経《しょきょう》に比《くら》べて）深《ふか》い教《おし》えの経々《きょうぎょう》ではあるが、その経々《きょうぎょう》はまだ説《と》かれた心《こころ》が浅《あさ》く、法華経に及《およ》ばないから、世間《せけん》のものごとを仏法によせて教《おし》えているにすぎない。しかし、法華経はそうではない。世間《せけん》のものごとが、そのまま全《まった》く仏法そのものなのである〟と解釈《かいしゃく》している。

成仏《じょうぶつ》への道《みち》は日常《にちじょう》の中《なか》に

「白米一俵御書《はくまいいっぴょうごしょ》」〈注1〉では、一切《いっさい》の宝《たから》の中の宝《たから》である命《いのち》を支《ささ》える貴重《きちょう》な白《はく》米《まい》の供養《くよう》は、命《いのち》そのものを供養《くよう》したことに等《ひと》しく、最大《さいだい》の功徳《くどく》があること、そして、凡夫《ぼんぷ》は「志《こころざし》」によって成仏《じょうぶつ》することを示《しめ》されます。

続《つづ》いて、ここで学《まな》ぶ一節《いっせつ》の冒頭《ぼうとう》で大聖人は、「まことのみち《道》」と仰《おお》せです。

末法《まっぽう》の人々《ひとびと》が成仏《じょうぶつ》するための「真《しん》の道《みち》」ということです。

この「まことの道《みち》」とは「世間《せけん》の事法《じほう》にて候《そうろう》」、すなわち「世間《せけん》のものごとなのである」と示《しめ》されています。成仏《じょうぶつ》への道《みち》は日常《にちじょう》を離《はな》れた遠《とお》くの世界《せかい》にあるのではない、現実社会《げんじつしゃかい》の日々の生活《せいかつ》の中にあると教《おし》えられているのです。

人間の生活《せいかつ》の営《いとな》みと仏法

法華経以外《いがい》の諸経《しょきょう》では歴劫修行《りゃっこうしゅぎょう》〈注2〉を説《と》き、長遠《ちょうおん》で特別《とくべつ》な修行《しゅぎょう》を経《へ》て成《じょう》仏《ぶつ》へ至《いた》ろうとします。その中にあって「世間《せけん》」の営《いとな》みは、むしろ成仏《じょうぶつ》への妨《さまた》げとされます。

しかし、大聖人は「仏法と世間《せけん》」の関係《かんけい》について、金光明経《こんこうみょうきょう》と涅槃経《ねはんぎょう》〈注3〉の経文《きょうもん》の一節《いっせつ》に、〝世間《せけん》の営《いとな》みを極《きわ》めていけば仏道《ぶつどう》に通《つう》じる〟、または〝世《せ》間《けん》の優《すぐ》れた教《おし》えが仏法と一致《いっち》している〟という解釈《かいしゃく》があることを、紹介《しょうかい》されているのです。

法華経の卓越性《たくえつせい》

続《つづ》いて大聖人は、妙楽大師《みょうらくだいし》〈注4〉の釈《しゃく》を通《とお》して、「一切世間《いっさいせけん》の治生産業《ちせいさんぎょう》は、皆実相《みなじっそう》と相違背《あいいはい》せず」と説《と》く、法華経の一重深《いちじゅうふか》い捉《とら》え方《かた》を述《の》べられていきます。

すなわち、〝先の二経《にきょう》（金光明経《こんこうみょうきょう》と涅槃経《ねはんぎょう》）は、世間《せけん》のものごとを仏法に寄《よ》せて理解《りかい》するにとどまっている。法華経においては、世間《せけん》のものごとが全《まった》く仏法そのものであると捉《とら》えている〟ということです。つまり、二つの経文《きょうもん》は、仏法と世法《せほう》とは通《つう》じているが、別々《べつべつ》と捉《とら》えている。しかし、法華経にあって、仏法と世法《せほう》の両者《りょうしゃ》は別《べつ》のものではないと明言《めいげん》されているのです。

ここで挙《あ》げられている法華経の文《もん》は、法師功徳品《ほっしくどくほん》の経文《きょうもん》の趣旨《しゅし》を天台大師《てんだいだいし》〈注5〉が説明《せつめい》した言葉《ことば》で、大聖人が幾度《いくど》も引用《いんよう》されています〈注6〉。

これは、世《よ》を治《おさ》め、人間の生活《せいかつ》を支《ささ》える営《いとな》みは、仏法と違背《いはい》せず、すべて仏法に合致《がっち》していくことを示《しめ》されているものです。生活《せいかつ》における一つ一つのことが、そして世間《せけん》そのものが仏法であるということです。この文《もん》は、学会員の一人一人が心《こころ》に刻《きざ》んで、仕事《しごと》に励《はげ》み、社会《しゃかい》に尽《つ》くしてきた指標《しひょう》ではないでしょうか。

地域《ちいき》や社会《しゃかい》への貢献《こうけん》

「信心即生活《そくせいかつ》」であり、「生活即信心《せいかつそく》」です。

信仰《しんこう》の喜《よろこ》びと、人生《じんせい》や生活《せいかつ》の喜《よろこ》びは一体《いったい》です。別々《べつべつ》のものではない。真実《しんじつ》の仏法は現実《げんじつ》の生活《せいかつ》と人生のためにこそあるからです。

仏法の智慧《ちえ》と慈悲《じひ》の光《ひかり》は、苦悩渦巻《くのううずま》く現実社会《げんじつしゃかい》を照《て》らし、人々の勇気《ゆうき》と希望《きぼう》の原動力《げんどうりょく》となっていくものです。ゆえに妙法を根本《こんぽん》に、自他共《じたとも》の幸福《こうふく》のため、また、地域《ちいき》や社会《しゃかい》の発展《はってん》のために積極的《せっきょくてき》に行動《こうどう》し、貢献《こうけん》しゆく道《みち》こそが「まことの道《みち》」なのです。

「人類《じんるい》が等《ひと》しく渇望《かつぼう》する」妙法

牧口先生は創価教育学会の会報「価値創造《かちそうぞう》」の中で、学会が誕生《たんじょう》する以前《いぜん》は、「仏法即世法《そくせほう》」の生活法則《せいかつほうそく》が実際《じっさい》の生活《せいかつ》では証明《しょうめい》されておらず、仏法と世《せ》法《ほう》の両者《りょうしゃ》が別個《べっこ》のものとなっていたと指摘《してき》されたうえで、次《つぎ》のように述《の》べられています。

「吾々同志《われわれどうし》の実験《じっけん》によって証明《しょうめい》され、ここに世界《せかい》の人類《じんるい》が等《ひと》しく渇望《かつぼう》する所《ところ》の無上最大《むじょうさいだい》の生活法即《せいかつほうすなわ》ち成仏《じょうぶつ》の妙法が、誰《だれ》にもたやすく解《わか》るようになったとすれば、其《そ》の功徳《くどく》を普《あまね》く一切《いっさい》に施《ほどこ》して、無上最高《むじょうさいこう》の幸福《こうふく》に至《いた》らしめなければ止《や》む能《あた》わざる所《ところ》であろう」

仏法を「生活法《せいかつほう》」と捉《とら》えて実践《じっせん》し、その功徳《くどく》の実証《じっしょう》を人々に伝《つた》えていく。これこそ、牧口先生が開《ひら》かれた日蓮仏法の真髄《しんずい》の実践《じっせん》であり、創価学会の信心の原点《げんてん》です。

地球社会《ちきゅうしゃかい》の平和《へいわ》と安穏《あんのん》と調和《ちょうわ》

しかもこの時《とき》の「価値創造《かちそうぞう》」の発刊日《はっかんび》は、一九四一年（昭和十六年）十二月二十日であり、第二次世界大戦《だいじせかいたいせん》に日本が突入《とつにゅう》していった時《とき》のことでした。そのさなかに、人類《じんるい》を「無上最高《むじょうさいこう》の幸福《こうふく》に至《いた》らし」むるための道《みち》を訴《うった》えられていたのです。この二年後《ねんご》に、牧口先生と戸田先生は投獄《とうごく》されます。

なんと偉大《いだい》な師弟《してい》の闘争《とうそう》でありましょうか。これが、今日《こんにち》の百九十二カ国・地域《ちいき》に広《ひろ》がった世界《せかい》の創価の運動《うんどう》の礎《いしずえ》となっているのです。

今《いま》や、牧口先生が言《い》われた「世界《せかい》の人類《じんるい》が等《ひと》しく渇望《かつぼう》する所《ところ》の無上最大《むじょうさいだい》の生《せい》活法即《かつほうすなわ》ち成仏《じょうぶつ》の妙法」の信仰《しんこう》が、地球上《ちきゅうじょう》のいたるところで実践《じっせん》される時代《じだい》になりました。

世界中《せかいじゅう》に、民衆《みんしゅう》の幸福《こうふく》と、地球社会《ちきゅうしゃかい》の平和《へいわ》と安穏《あんのん》と調和《ちょうわ》を築《きず》く価値創造《かちそうぞう》の絆《きずな》が強まっています。

創価学会こそが、本来《ほんらい》の日蓮仏法の精神《せいしん》を現代《げんだい》に脈動《みゃくどう》させたのです。

如来滅後五五百歳始観心本尊抄《にょらいのめつごごごのごひゃくさいにはじむかんじんのほんぞんしょう》（観心本尊抄《かんじんのほんぞんしょう》）

御文

（新一四六ジペー・全二五四ジペー）

天晴《てんは》れぬれば地明《ちあき》らかなり。法華《ほっけ》を識《し》る者《もの》は世法《せほう》を得《う》べきか。

現代語訳

天が晴《は》れたなら、地《ち》はおのずから明《あき》らかとなる。法華経を識《し》る者《もの》は世間《せけん》の法《ほう》もおのずから得《え》るだろう。

世間《せけん》の事象《じしょう》の本質《ほんしつ》を見極《みきわ》める

「仏法即社会《そくしゃかい》」の法理《ほうり》を明快《めいかい》に説《と》かれた「観心本尊抄《かんじんのほんぞんしょう》」〈注7〉の一節《いっせつ》であり、牧口先生も戸田先生も幾度《いくど》となく拝《はい》された御聖訓《ごせいくん》です。

ひとたび天が晴《は》れわたれば、大地《だいち》が明《あか》るく照《て》らされるように、妙法を信《しん》じ行《ぎょう》ずることによって、世法《せほう》で勝《か》ちゆく道《みち》も開《ひら》かれてくるとの仰《おお》せです。

御文《ごもん》の「法華《ほっけ》を識《し》る」とは、仏法の真髄《しんずい》を極《きわ》めるということです。

仏法と世法《せほう》の関係《かんけい》にあって、仏法に通達《つうだつ》していることは、現実社会《げんじつしゃかい》の事象《じしょう》の本質《ほんしつ》を見極《みきわ》められるようになっていくことにほかならないということです。

私たちの日常《にちじょう》に約《やく》して拝《はい》すれば、妙法を受持《じゅじ》することで、仕事《しごと》や生活《せいかつ》など、あらゆる社会《しゃかい》の営《いとな》みで智慧《ちえ》を発揮《はっき》し、実証《じっしょう》を示《しめ》していくことができると教《おし》えられているのです。

「御《おん》みや《宮》づかい《仕》を法華経《ほけきょう》とおぼしめ《思》せ」（新一七一九ページ・全一一九五ページ）です。

また、「『中務三郎左衛門尉《なかつかさのさぶろうざえもんのじょう》は、主《しゅ》の御《おん》ためにも、仏法《ぶっぽう》の御《おん》ためにも、世間《せけん》の心《こころ》ね《根》も、よかりけり、よかりけり』と、鎌倉《かまくら》の人々《ひとびと》の口《くち》にう《謳》たわれ給《たま》え」（新一五九六㌻・全一一七三㌻）です。

「六十年の生活法を一新」

この「観心本尊抄《かんじんのほんぞんしょう》」の御聖訓《ごせいくん》は、牧口先生が信仰《しんこう》の道《みち》に入《はい》られた際《さい》に、心肝《しんかん》に染《そ》められた御文《ごもん》でもあります。後日《ごじつ》、その心情《しんじょう》を次《つぎ》のように綴《つづ》られています。

「一大決心《けっしん》を以《もっ》て愈々《いよいよ》信仰《しんこう》に入って見ると、『天《てん》晴《は》れぬれば地《ち》明《あきら》かなり、法華《ほっけ》を識《し》る者《もの》は世法《せほう》を得《う》べきか』との日蓮大聖人の仰《おお》せが、私の生活中《せいかつちゅう》になる程《ほど》と肯《うなず》かれることとなり、言語《げんご》に絶《ぜっ》する歓喜《かんき》を以《もっ》て殆《ほと》ど六十年の生活法《せいかつほう》を一新《いっしん》するに至《いた》った」――。

卓越《たくえつ》した教育者《きょういくしゃ》であった牧口先生にとっても、妙法を信受《しんじゅ》したことが、それまでの「生活法《せいかつほう》を一新《いっしん》」するほどの、人生の大転換点《だいてんかんてん》となったというのです。

先生は、「暗中模索《あんちゅうもさく》の不安《ふあん》」が一掃《いっそう》され、「引込思案《ひっこみじあん》」がなくなり、「生活目的《せいかつもくてき》」は遠大《えんだい》となり、「畏《おそ》れること」が少《すく》なくなったとも述懐《じゅっかい》されています。信仰《しんこう》によって希望《きぼう》が生まれ、自身《じしん》の人生の根本目的《こんぽんもくてき》が明確《めいかく》になる。ゆるぎない基盤《きばん》が固《かた》まり、挑戦《ちょうせん》する勇気《ゆうき》が生まれ、忍耐《にんたい》の力《ちから》が漲《みなぎ》るのです。その歓喜《かんき》は絶大《ぜつだい》です。これこそが、真実《しんじつ》の信仰《しんこう》です。生命変革《せいめいへんかく》の仏法であり、人間革命の宗教《しゅうきょう》です。人間主義《しゅぎ》の哲学《てつがく》です。

絶《た》えざる改善《かいぜん》の工夫《くふう》と努力《どりょく》

私たちは信心しているからこそ、直面《ちょくめん》する課題《かだい》をどう解決《かいけつ》していこうかと、真剣《しんけん》に祈《いの》り、努力《どりょく》し、工夫《くふう》します。信心によって偉大《いだい》な智慧《ちえ》と生命力《せいめいりょく》を発揮《はっき》し、見事《みごと》に苦境《くきょう》を乗《の》り切《き》ってこそ「世法《せほう》を得《う》べき」ことといえるのです。

戸田先生も、この御聖訓《ごせいくん》を引《ひ》かれて、「御本尊を受持《じゅじ》しているから、商売《しょうばい》の方法《ほうほう》などは、考《かんが》えなくても、努力《どりょく》しなくとも、必《かなら》ずご利益《りやく》があるんだという、安易《あんい》な考《かんが》え方《かた》をする者《もの》がいるが、これ大いなる誤《あやま》りであって、大きな謗法《ほうぼう》と断《だん》ずべきである」と語《かた》られました。

先生は、自分《じぶん》の商売《しょうばい》の欠点《けってん》や改善《かいぜん》に気付《きづ》かぬ者《もの》は反省《はんせい》し、商売《しょうばい》に対《たい》する絶《た》えざる研究《けんきゅう》と努力《どりょく》が必要《ひつよう》であるともされています。そして、「一日も早く、自分《じぶん》の事業《じぎょう》のなかに、『世法《せほう》を識《し》る』ことができて、安定《あんてい》した生活《せいかつ》をしていただきたい」と望《のぞ》まれました。

「仏法即社会《ぶっぽうそくしゃかい》」だからこそ、「信心即智慧《そくちえ》」の偉大《いだい》な力《ちから》を涌現《ゆげん》して取《と》り組《く》み、勝利《しょうり》の実証《じっしょう》を築《きず》いていくことが大事《だいじ》なのです。

「健全《けんぜん》な前進《ぜんしん》を続《つづ》ける運動《うんどう》」

こうした現実社会《げんじつしゃかい》に根《ね》ざした創価の理念《りねん》と実践《じっせん》を、世界《せかい》の識者《しきしゃ》が高《たか》く評価《ひょうか》しています。

かつて共《とも》に対談集《たいだんしゅう》を編《あ》んだ国際宗教社会学会《こくさいしゅうきょうしゃかいがっかい》の初代《しょだい》会長のブライアン・ウィルソン博士〈注8〉は、「日常生活《にちじょうせいかつ》のなかでの信仰実践《しんこうじっせん》と、よりよい人間社会《しゃかい》を建設《けんせつ》していく努力《どりょく》を続《つづ》けていくことこそ、本来《ほんらい》の宗教《しゅうきょう》の使命《しめい》であるはずである」と、私たちの「信心即生活《そくせいかつ》」「仏法即社会《そくしゃかい》」の前進《ぜんしん》に最大《さいだい》の共鳴《きょうめい》を示《しめ》されました。

そして、「現代《げんだい》には創価学会のように世界平和《せかいへいわ》を目指《めざ》し、とても健全《けんぜん》な前進《ぜんしん》を続《つづ》けている宗教運動《しゅうきょううんどう》がある。学会が更《さら》に大きく拡大《かくだい》していくならば、多《おお》くの会員の『内《うち》なる意識革命《いしきかくめい》』が、信仰《しんこう》をしていない他《た》の人々の意識《いしき》をも揺《ゆ》り動《うご》かし、社会的《しゃかいてき》に素晴《すば》らしい大きな変化《へんか》をもたらしていくということは大いに考《かんが》えられる」と述《の》べられています。

一人一人の人間革命の運動《うんどう》の広《ひろ》がりが、他《た》の多《おお》くの人々の意識変革《いしきへんかく》をもたらし、やがては社会《しゃかい》の変革《へんかく》をも促《うなが》すと信頼《しんらい》してくださっているのです。それは、まさに小説《しょうせつ》『人間革命』の主題《しゅだい》そのものであります。

21世紀《せいき》の宗教《しゅうきょう》の条件《じょうけん》

また、同学会《どうがっかい》のカール・ドブラーレ元《もと》会長〈注9〉は、これからの宗教《しゅうきょう》に必要《ひつよう》な条件《じょうけん》を六点《てん》にわたって明快《めいかい》に示《しめ》されました。

①共同体《きょうどうたい》に基盤《きばん》を置《お》き、それを再活性化《さいかっせいか》させ、人間同士《どうし》の結合《けつごう》を成《な》し遂《と》げられる宗教《しゅうきょう》かどうか。

②生きる活力《かつりょく》を与《あた》え、躍動《やくどう》の力《ちから》を生み出すものであるかどうか。

③単《たん》に個人《こじん》の次元《じげん》にとどまらず、社会《しゃかい》への働《はたら》きかけを強《つよ》く行《おこな》うかどうか。

④(利己的《りこてき》な)個人主義《こじんしゅぎ》を規制《きせい》し、社会的《しゃかいてき》な責任感《せきにんかん》を強調《きょうちょう》するものかどうか。

⑤寛容《かんよう》の立場《たちば》に立つ宗教《しゅうきょう》かどうか。

⑥自分《じぶん》たちの社会《しゃかい》の発展《はってん》だけを願《ねが》うのではなく、地球的規模《ちきゅうてききぼ》での世界共同体《せかいきょうどうたい》を目指《めざ》す宗教《しゅうきょう》かどうか。

学会活動《かつどう》こそ「活力《かつりょく》の源泉《げんせん》」

ドブラーレ博士は、二十一世紀《せいき》の宗教《しゅうきょう》に値《あたい》するか、力《ちから》があるかを厳格《げんかく》に検討《けんとう》されたうえで、創価学会、そしてSGIは六つの条件《じょうけん》を全《すべ》て満《み》たしていると論《ろん》じてくださっているのです。

博士は学会の座談会《ざだんかい》こそ、人と人とが励《はげ》まし合《あ》い、結《むす》び合《あ》っていく真《しん》の「人間の共同体《きょうどうたい》」であるとも、また、日々の勤行や学会活動《かつどう》が「大いなる活力《かつりょく》の源《げん》泉《せん》」であるとも洞察《どうさつ》されています。

全員《ぜんいん》が「変革《へんかく》の主体者《しゅたいしゃ》」に

「信心即生活《そくせいかつ》」「仏法即社会《そくしゃかい》」といっても、その根本《こんぽん》は朝晩《あさばん》の勤行・唱題にほかなりません。「朝々仏《ちょうちょうほとけ》とともに起《お》き、夕々仏《せきせきほとけ》とともに臥《ふ》す」（新一〇二七ジペー・全七三七ジペー）です。

私たちの勤行・唱題は生命変革《せいめいへんかく》の祈《いの》りです。

その祈《いの》りが、人間革命と宿命転換《しゅくめいてんかん》を力強《ちからづよ》く推《お》し進《すす》め、立正安国《りっしょうあんこく》〈注10〉と世《せ》界平和《かいへいわ》への着実《ちゃくじつ》な行動《こうどう》に昇華《しょうか》していくのです。

混迷《こんめい》する時代《じだい》にあって、学会員が、どれほど偉大《いだい》にして尊《とうと》い使命《しめい》を担《にな》っているか。一人もれなく全員《ぜんいん》が、「変革《へんかく》の主体者《しゅたいしゃ》」であり、偉大《いだい》な「平和《へいわ》の建設《けんせつ》者《しゃ》」なのです。

「人間革命」即《そく》「世界平和《せかいへいわ》」の旗《はた》

民衆《みんしゅう》一人一人の内面《ないめん》の変革《へんかく》は、社会《しゃかい》の素晴《すば》らしい大きな変化《へんか》をもたらします。

いやまして「人間革命」即《そく》「世界平和《せかいへいわ》」の旗《はた》を高《たか》らかに掲《かか》げ、晴《は》れわたる創価の人間主義《しゅぎ》の大道《だいどう》を堂々《どうどう》と勝《か》ち開《ひら》いていこうではありませんか!

〔注　解〕

〈注1〉【白米一俵御書《はくまいいっぴょうごしょ》】身延《みのぶ》で御述作《ごじゅっさく》され、富士方面《ふじほうめん》の門下《もんか》に宛《あ》てられたと考《かんが》えられるが詳細《しょうさい》は不明《ふめい》。白米《はくまい》の御供養《ごくよう》に対《たい》する御返事《ごへんじ》。供養《くよう》の意義《いぎ》が説《と》かれるとともに、法華経には世間《せけん》の法《ほう》がそのまま仏法そのものと釈《しゃく》されていると、現実生活《げんじつせいかつ》の中《なか》に仏法が生きていることを明《あ》かされている。

〈注2〉【歴劫修行《りゃっこうしゅぎょう》】成仏《じょうぶつ》までに極《きわ》めて長《なが》い時間《じかん》をかけて修行《しゅぎょう》すること。「歴劫《りゃっこう》」とはいくつもの劫《こう》（長遠《ちょうおん》な時間《じかん》の単位《たんい》）を経《へ》るとの意《い》。

〈注3〉【金光明経《こんこうみょうきょう》と涅槃経《ねはんぎょう》】金光明経《こんこうみょうきょう》は、中国や日本において守護国家《しゅごこっか》の経典《きょうてん》として知《し》られている。涅槃経《ねはんぎょう》は、釈尊《しゃくそん》の臨終《りんじゅう》を舞台《ぶたい》にした大乗経典《だいじょうきょうてん》。

〈注4〉【妙楽大師《みょうらくだいし》】七一一年〜七八二年。中国・唐代《とうだい》の人で中国天台宗《てんだいしゅう》の中興《ちゅうこう》の祖《そ》。湛然《たんねん》。著書《ちょしょ》に『法華玄義釈籖《ほっけげんぎしゃくせん》』『法華文句記《ほっけもんぐき》』『止観輔行伝弘決《しかんぶぎょうでんぐけつ》』などがある。

〈注5〉【天台大師《てんだいだいし》】五三八年〜五九七年。中国の陳《ちん》・隋《ずい》の時代《じだい》に活躍《かつやく》した人で、『摩訶止観《まかしかん》』を講述《こうじゅつ》し、一念三千《いちねんさんぜん》の観法《かんぽう》を確立《かくりつ》した。

〈注6〉法華経法師功徳品第《ほっしくどくほんだい》十九の経文《きょうもん》は「諸《もろもろ》の説《と》く所《ところ》の法《ほう》は、其《そ》の義趣《ぎしゅ》に随《したが》って、皆実相《みなじっそう》と相《あい》違背《いはい》せじ」（法華経五四九㌻）。御書では「檀越某御返事《だんおつぼうごへんじ》」（新一七一九㌻・全一二九五㌻）、「減劫御書《げんこうごしょ》」（新一九六八㌻・全一四六六㌻）などで引用《いんよう》されている。

〈注7〉【観心本尊抄】「如来滅後五五百歳始観心本尊抄《にょらいめつごごごひゃくさいにはじむかんじんのほんぞんしょう》」。文永《ぶんえい》十年（一二七三年）四月、佐渡流《さどる》罪中《ざいちゅう》の一谷《いちのさわ》で著《あらわ》された書《しょ》。末法《まっぽう》の人々が成仏《じょうぶつ》するための根本法《こんぽんほう》である南無妙法蓮華経の本《ほん》尊《ぞん》について説《と》かれている。

〈注8〉【ブライアン・ウィルソン博士】一九二六年～二〇〇四年。英《えい》・オックスフォード大学社《しゃ》会学名誉教授《かいがくめいよきょうじゅ》、同《どう》大学オールソールズ・カレッジ名誉研究員《めいよけんきゅういん》、国際宗教社会学会初代《こくさいしゅうきょうしゃかいがっかいしょだい》会長。池田先生との対談集《たいだんしゅう》『社会と宗教《しゃかいとしゅうきょう》』（『池田大作全集』第《だい》六巻所収《かんしょしゅう》）がある。

〈注9〉【カール・ドブラーレ元《もと》会長】一九三三年～。八三年から九一年まで国際宗教社会学会《こくさいしゅうきょうしゃかいがっかい》会長を務《つと》める。九三年にはベルギー王立科学《かがく》・文学・芸術《げいじゅつ》アカデミー会員に選出《せんしゅつ》される。欧《おう》米《べい》を代表《だいひょう》する宗教社会学者《しゅうきょうしゃかいがくしゃ》。

〈注10〉【立正安国《りっしょうあんこく》】「正《しょう》を立《た》て、国《くに》を安《やす》んず」と読《よ》む。一人一人の心《こころ》のなかに正法《しょうほう》を確立《かくりつ》し、社《しゃ》会《かい》、国家《こっか》の繁栄《はんえい》と世界《せかい》の平和《へいわ》を築《きず》いていくこと。

青年こそ社会《しゃかい》の希望《きぼう》！　職場《しょくば》の第一人者《だいいちにんしゃ》たれ

桜花《おうか》の季節《きせつ》を迎《むか》えるたびに、桜《さくら》がお好《す》きだった恩師《おんし》・戸田城聖先生が偲《しの》ばれます。

先生は誰《だれ》よりも青年を愛《あい》し、若《わか》き生命《せいめい》に期待《きたい》を寄《よ》せていました。一人ももれなく、価値創造《かちそうぞう》の青春《せいしゅん》をと願《ねが》ってやみませんでした。

「新《あたら》しき世紀《せいき》を創《つく》るものは、青年の熱《ねつ》と力《ちから》である」――この不滅《ふめつ》の師子吼《ししく》は、宗教革命《しゅうきょうかくめい》によって人間の苦悩《くのう》を解決《かいけつ》し、真《しん》の幸福《こうふく》と平和《へいわ》を確立《かくりつ》する「栄光《えいこう》の使命《しめい》」を訴《うった》えた「青年訓《くん》」の一節《いっせつ》です。

今、私も恩師《おんし》と不二《ふに》の心《こころ》で、二十一世紀《せいき》の広宣流布に勇躍《ゆうやく》、邁進《まいしん》している青年たちを讃《たた》えたい。一切《いっさい》の労苦《ろうく》が自在《じざい》の境涯《きょうがい》を築《きず》き上《あ》げる礎《いしずえ》となり、日蓮大聖人に誉《ほ》められる人生たれと願《ねが》い、世界中《せかいじゅう》の青年の皆《みな》さんの成長《せいちょう》と健康《けんこう》を祈《いの》っています。

一切《いっさい》を変毒為薬《へんどくいやく》する信心

春、四月――。新年度《しんねんど》を迎《むか》え、就職《しゅうしょく》、転職《てんしょく》、転勤《てんきん》、進学《しんがく》等、新《あら》たな立場《たちば》や場所《しょ》で、出発《しゅっぱつ》する友《とも》も多《おお》いことでしょう。また、新型《しんがた》コロナウイルスの感染拡大《かんせんかくだい》の影響《えいきょう》で、さまざまな変化《へんか》を余儀《よぎ》なくされている今、激動《げきどう》する社会状況《しゃかいじょうきょう》に対処《たいしょ》しながら、仕事《しごと》に取《と》り組《く》む労苦《ろうく》は、計《はか》り知《し》れません。

しかし、一切《いっさい》を変毒為薬《へんどくいやく》〈注1〉していくのが日蓮仏法です。先行《さきゆ》きが不透《ふとう》明《めい》な中でも、賢明《けんめい》に生《い》き抜《ぬ》き、必《かなら》ずそこに希望《きぼう》を見いだせるのが、仏法の無量《むりょう》の力《ちから》です。全《すべ》てを前進《ぜんしん》と勝利《しょうり》への源泉《げんせん》にできるのが、日蓮仏法の信心の功力《くりき》です。今こそ、「頭《こうべ》を上げよ、胸《むね》を張《は》れ」と、わが愛《あい》する青年たちに贈《おく》りたい。

苦闘《くとう》の青春時代《せいしゅんじだい》

私自身《じしん》も苦闘《くとう》の青春時代《せいしゅんじだい》を送《おく》りました。

二十代《だい》の前半《ぜんはん》、入信してまだ三年の頃《ころ》です。戦後《せんご》の混乱期《こんらんき》で、戸田先生の事《じ》業《ぎょう》が行き詰《づ》まり、喜《よろこ》び勇《いさ》んで取《と》り組《く》んでいた少年雑誌《しょうねんざっし》の編集《へんしゅう》から、最《もっと》も苦手《にがて》な金融《きんゆう》の営業《えいぎょう》にと仕事《しごと》の内容《ないよう》が一変《いっぺん》しました。

言《い》い知《し》れぬ辛労《しんろう》の連続《れんぞく》でしたが、〝断《だん》じて戸田先生に、広宣流布の指揮《しき》を縦《じゅう》横無尽《おうむじん》に執《と》っていただくのだ〟〝今日《きょう》も負《ま》けない！〟〝明日も断《だん》じて勝《か》ってみせる！〟と、阿修羅《あしゅら》のごとく戦《たたか》いました。一日一日、時間《じかん》さえあれば猛然《もうぜん》と題目を唱《とな》え抜《ぬ》き、必死《ひっし》で苦難《くなん》をはね返《かえ》していった。そして、一切《いっさい》を勝《か》ち越《こ》えて、「祈《いの》りとして叶《かな》わざるなし」「題目に勝《まさ》る力《ちから》なし」との絶対《ぜったい》の確信《かくしん》をつかんだのです。

全《すべ》てを生《い》かす「活《かつ》の法門《ほうもん》」

私は、広布の師匠《ししょう》のために戦《たたか》ったこの時《とき》に、永遠《えいえん》に消《き》えない大福運《だいふくうん》を積《つ》めたと思《おも》っています。かけがえのない人間学を学ぶこともできました。

仏法に無駄《むだ》はありません。

妙法は、「蘇生《そせい》の義《ぎ》」です。いかなる逆境《ぎゃっきょう》に屈《くっ》することもなく、最後《さいご》は勝《か》つことができる。そして、全《すべ》てを生かすことができる「活《かつ》の法門《ほうもん》」です。これが広布誓願《せいがん》の唱題行の絶大《ぜつだい》なる功徳《くどく》の力用《りきゆう》なのです。

ここでは、「仕事《しごと》と信心」の姿勢《しせい》について御書を拝《はい》しながら、確認《かくにん》していきましょう。

一生成仏抄《いっしょうじょうぶつしょう》

御 文

（新三一七ジペー・全三八四ジペー）

「衆生《しゅじょう》の心《こころ》けがるれば土《ど》もけがれ、心清《こころきよ》ければ土《ど》も清《きよ》し」とて、浄土《じょうど》といい穢土《えど》というも、土《ど》に二《ふた》つの隔《へだ》てなし、ただ我《われ》らが心《こころ》の善悪《ぜんあく》によると見《み》えたり。

現代語訳

浄名経《じょうみょうきょう》（維摩経《ゆいまきょう》）には「人々の心《こころ》がけがれれば、その人々が住《す》む国《こく》土《ど》もけがれ、人々の心《こころ》が清《きよ》ければ国土《こくど》も清《きよ》い」とある。すなわち、浄《じょう》土《ど》といっても、穢土《えど》といっても、二つの別々《べつべつ》の国土《こくど》があるわけではなく、ただそこに住《す》む私たちの心《こころ》の善悪《ぜんあく》によって違《ちが》いが現《あらわ》れると説《と》かれているのである。

日蓮仏法は生命変革《せいめいへんかく》の宗教《しゅうきょう》

はじめに拝読《はいどく》するのは、「一生成仏抄《いっしょうじょうぶつしょう》」〈注2〉の有名《ゆうめい》な一節《いっせつ》です。

仏法は、生命変革《せいめいへんかく》の宗教《しゅうきょう》です。仏《ほとけ》の住《す》む清《きよ》らかな国土《こくど》である「浄土《じょうど》」と、凡夫《ぼんぷ》が住《す》むけがれた国土《こくど》である「穢土《えど》」とは、別々《べつべつ》の世界《せかい》ではない。国土《こくど》自体《じたい》には、もともと固定的《こていてき》な区別《くべつ》はなく、そこに住《す》む人間の「心《こころ》の善悪《ぜんあく》」によって、その違《ちが》いが現《あらわ》れるのである。したがって、人間自身《じしん》の内面《ないめん》を変《か》えることによって、自分《じぶん》を取《と》り巻《ま》く環境《かんきょう》をも変《か》えていくことができる。

つまり、社会《しゃかい》の変革《へんかく》も、その要諦《ようてい》は、人間の一念《いちねん》の変革《へんかく》から始《はじ》まるということです。

「迷《まよ》い」を「悟《さと》り」へと転換《てんかん》

日蓮大聖人は、「衆生《しゅじょう》というも仏《ほとけ》というも、またかくのごとし。迷《まよ》う時《とき》は衆《しゅ》生《じょう》と名《な》づけ、悟《さと》る時《とき》をば仏《ほとけ》と名《な》づけたり」（新三一七ジペー・全三八四ジペー）とも仰《おお》せです。凡夫《ぼんぷ》である「衆生《しゅじょう》」と、「仏《ほとけ》」とは、別々《べつべつ》の存在《そんざい》ではない。一人の人間における生命状態《せいめいじょうたい》が、「迷《まよ》い」か「悟《さと》り」かという違《ちが》いによって決《き》まると明言《めいげん》されているのです。

では、いかにして、「迷《まよ》い」を「悟《さと》り」へと転換《てんかん》するのか。それを可能《かのう》にするのが「南無妙法蓮華経」の唱題行です。題目を唱《とな》え、「迷《まよ》い」の根本《こんぽん》である無明《むみょう》〈注3〉を打《う》ち破《やぶ》り、本来具《ほんらいそな》わる仏《ほとけ》の生命《せいめい》を涌現《ゆげん》するのです。そして、あらゆる悩《なや》みや苦難《くなん》を乗《の》り越《こ》え、幸福《こうふく》の方向《ほうこう》へと開《ひら》いていくのです。

妙法の祈《いの》りは、必《かなら》ず諸天善神《しょてんぜんじん》を揺《ゆ》り動《うご》かします。

大切《たいせつ》なことは、「必《かなら》ず心《こころ》の固《かた》きに仮《よ》って、神《かみ》の守《まも》り則《すなわ》ち強《つよ》し」（新一六八九ジペー・全一二二〇ジペー等）と示《しめ》されているように、何《なに》があろうと断固《だんこ》と信心を貫《つらぬ》き通《とお》すことです。そうであってこそ、諸天善神《しょてんぜんじん》の働《はたら》きが強《つよ》くなる。現実《げんじつ》に、支《ささ》えてくれる先輩《せんぱい》や同志《どうし》、家族《かぞく》が現《あらわ》れる。一緒《いっしょ》に悩《なや》み、一緒《いっしょ》に祈《いの》ってくれる存在《そんざい》が、どれほどありがたいか。信心していない方《かた》が親身《しんみ》になって守《まも》ってくれる場合《ばあい》もあるでしょう。諸天善神《しょてんぜんじん》の働《はたら》きが増《ま》してくるのです。

ですから、独《ひと》りだけで悩《なや》みを抱《かか》えこまないことが大事《だいじ》です。信頼《しんらい》できる人に相談《そうだん》し、力《ちから》になってもらうことも大切《たいせつ》です。普賢菩薩《ふげんぼさつ》や薬王菩薩《やくおうぼさつ》や観世音菩薩《かんぜおんぼさつ》等の働《はたら》きをしてくれる人が間近《まぢか》に現《あらわ》れることもあるでしょう。真剣《しんけん》に祈《いの》り、智《ち》慧《え》を尽《つ》くせば、必《かなら》ず、仏菩薩《ぶつぼさつ》が応《おう》じます。妙法を持《たも》つ青年が守《まも》られないわけが絶対《ぜったい》にありません。

仕事《しごと》は信頼《しんらい》を築《きず》く〝鍛《きた》えの場《ば》〟

学会では草創《そうそう》以来《いらい》、「御《おん》みや《宮》づか《仕》いを法華経《ほけきょう》とおぼ《思》しめせ。『一切世間《いっさいせけん》の治生《ちせい》産業《さんぎょう》は、皆実相《みなじっそう》と相違背《あいいはい》せず』とは、これなり」（新一七一九㌻・全一二九五㌻）

との仰《おお》せを生活実践《せいかつじっせん》の根本《こんぽん》としてきました。仕事《しごと》こそ自身《じしん》を鍛《きた》える修行《しゅぎょう》の場《ば》であると捉《とら》えて、各自《かくじ》が職場《しょくば》の第一人者《だいいちにんしゃ》となるよう挑戦《ちょうせん》してきたのです。

その中で、多《おお》くの同志《どうし》が見事《みごと》な実証《じっしょう》を示《しめ》し、信頼《しんらい》を勝《か》ち取《と》ってきました。

それは、「法華経《ほけきょう》を持《たも》ち奉《たてまつ》る処《ところ》を、『当詣道場《とうけいどうじょう》』と云《い》うなり」（新一〇八六ジ《ペー》・全七八一ジ《ペー》）と、今《いま》いる場所《ばしょ》で敢然《かんぜん》と課題《かだい》と向《む》き合《あ》い、粘《ねば》り強《づよ》く努力《どりょく》を重《かさ》ねてきた結実《けつじつ》であり、この原動力《げんどうりょく》こそが信心にほかなりません〈注4〉。

そして今や、日本のみならず、世界中《せかいじゅう》の同志《どうし》の体験《たいけん》と実証《じっしょう》が、この仏法の厳《げん》たる力《ちから》を示《しめ》しているのです。

職業《しょくぎょう》を選《えら》ぶ三つの基準《きじゅん》

戸田先生は、職業《しょくぎょう》の悩《なや》みをもつ青年に、職業《しょくぎょう》を選《えら》ぶ基準《きじゅん》として、牧口先生が言《い》われた「美《び》」「利《り》」「善《ぜん》」の価値《かち》が大事《だいじ》だと語《かた》られました。

すなわち、「自分《じぶん》が好《す》き（美《び》）」であり、「得《とく》（利《り》）」であり、「社会《しゃかい》に貢献《こうけん》できる（善《ぜん》）」仕事《しごと》につくのが、誰《だれ》にとっても理想《りそう》である。しかし実際《じっさい》には、満足《まんぞく》した職場《しょくば》で働《はたら》いている人の方《ほう》が少《すく》ないかもしれない。

初《はじ》めから希望《きぼう》どおりの職業《しょくぎょう》につける人は、まれです。どうしても向《む》いていない、好《す》きになれないという場合《ばあい》もあるでしょう。生活《せいかつ》が成《な》り立《た》っていかない場合《ばあい》もあります。さらには、社会貢献《しゃかいこうけん》の手応《てごた》えをもてないと思うこともある。それだけ、「美《び》」「利《り》」「善《ぜん》」の三つの価値《かち》を全《すべ》て満《み》たすことは難《むずか》しいものです。

「なくてはならない人」に

だからこそ、戸田先生は指導《しどう》されています。

「青年は決《けっ》して、へこたれてはいけない。自分《じぶん》の今《いま》の職場《しょくば》で全力《ぜんりょく》をあげて頑張《がんば》ることだ。『なくてはならない人』になることだ。御本尊に祈《いの》りながら努力《どりょく》していくうちに、必《かなら》ず最後《さいご》には、自分《じぶん》にとって『好《す》きであり、得《とく》であり、しかも社会《しゃかい》に大きな善《ぜん》をもたらす』仕事《しごと》に到着《とうちゃく》するだろう。これが信心の功徳《くどく》だ」と。

さらに重《かさ》ねて、「それだけではない。その時《とき》に振《ふ》り返《かえ》ると、これまでやってきた苦労《くろう》が、一つのむだもなく、貴重《きちょう》な財産《ざいさん》として生きてくるのです。全部《ぜんぶ》、意味《いみ》があったとわかるのだ。私自身《じしん》の体験《たいけん》からも、こう断言《だんげん》できる。信心即生《そくせい》活《かつ》、信心即社会《そくしゃかい》であり、これが仏法の力《ちから》なんだよ」と言《い》われていました。

もちろん、時代状況《じだいじょうきょう》は大きく変《か》わっています。今《いま》は、働《はたら》き方《かた》それ自体《じたい》が見直《みなお》されたり、転職《てんしょく》が活路《かつろ》を開《ひら》く事例《じれい》も多《おお》い。

信仰《しんこう》の姿勢《しせい》は不変《ふへん》でも、現実社会《げんじつしゃかい》での応用《おうよう》は多様性《たようせい》を増《ま》していきます。だからこそ、よき先輩《せんぱい》や家族《かぞく》などにも相談《そうだん》し、聡明《そうめい》に判断《はんだん》していくことです。そして、自分《じぶん》らしく大満足《だいまんぞく》の勝利《しょうり》の実証《じっしょう》を示《しめ》していっていただきたいのです。

「よき《良》ところ《処》・よきところ」と捉《とら》えて

大聖人は、仕事《しごと》の悩《なや》みに直面《ちょくめん》しながら奮闘《ふんとう》する、鎌倉《かまくら》の門下《もんか》の中心的存在《ちゅうしんてきそんざい》である四条金吾《しじょうきんご》に次《つぎ》のように指導《しどう》されました。

すなわち、金吾《きんご》が主君《しゅくん》から賜《たまわ》った領地《りょうち》について不満《ふまん》をもらしていた時《とき》に、大聖人は客観的《きゃっかんてき》には決《けっ》して悪《わる》くない条件《じょうけん》であることを確認《かくにん》された上で、「よき《良》ところ《処》、よきところ」（新一六〇五㌻・全一一八三㌻）と捉《とら》えていけば、さらに福運《ふくうん》が増《ま》すことを教《おし》えられています。

ここで「よき《良》ところ《処》、よきところ」と示《しめ》されているのは、あきらめや妥協《だきょう》ではありません。透徹《とうてつ》した信心の眼《まなこ》で現状《げんじょう》を直視《ちょくし》しつつ、深《ふか》き一念《いちねん》から、断固《だんこ》たる勝利《しょうり》への誓願《せいがん》を起《お》こすことを促《うなが》されているとも拝《はい》されます。

さらに大聖人は、金吾《きんご》に対《たい》して、短気《たんき》を起《お》こさないこと、油断《ゆだん》しないこと、事故《じこ》に巻《ま》き込《こ》まれないこと、前々《さきざき》の用心《ようじん》を怠《おこた》らないこと、飲酒《いんしゅ》に注意《ちゅうい》すること、味方《みかた》をつくること、女性《じょせい》を大切《たいせつ》にすること、人を尊重《そんちょう》することなど、人間学の真髄《しんずい》を教《おし》えられています。

誠実《せいじつ》の人《ひと》を必《かなら》ず周囲《しゅうい》は評価《ひょうか》

重要《じゅうよう》なのは、前進《ぜんしん》する心《こころ》を忘《わす》れず、自分《じぶん》らしくベストを尽《つ》くすことです。そこに信用《しんよう》が生まれます。信用《しんよう》こそが青年の財産《ざいさん》です。ダイヤモンドは、どこにあってもダイヤモンドです。だから、何《なに》があろうとも地涌《じゆ》の誇《ほこ》りをもって、創価の青年らしく光《ひか》っていくことです。「陰徳《いんとく》あれば陽報《ようほう》あり」（新一六一三ジペー・全一一七八ジペー等）です。誠実《せいじつ》を貫《つらぬ》く姿《すがた》は、必《かなら》ず心《こころ》ある人が見てくれるものです。

諸経《しょきょう》と法華経《ほけきょう》と難易《なんい》の事《こと》

御文　（新一三四六ジペー・全九九二ジペー）

仏法《ぶっぽう》漸《ようや》うやく顚倒《てんどう》しければ、世間《せけん》もまた濁乱《じょくらん》せり。仏法《ぶっぽう》は体《たい》のごとし、世間《せけん》はかげ《影》のごとし。体曲《たいま》がれば影《かげ》ななめ《斜》なり。

現代語訳

仏法がこのように次第《しだい》に転倒《てんとう》したので、世間《せけん》もまた、濁《にご》り乱《みだ》れてしまった。仏法は本体《ほんたい》であり世間法《せけんほう》はその影《かげ》のようなものである。体《たい》が曲《ま》がれば影《かげ》は斜《なな》めになる。

世間《せけん》の営《いとな》みは妙法そのもの

続《つづ》いて拝《はい》するのは、世間《せけん》の一切《いっさい》の営《いとな》みが、妙法に違背《いはい》するものではないことを示《しめ》された御金言《ごきんげん》です〈注5〉。

仏法は「体《たい》」であり、根本《こんぽん》です。根底《こんてい》から支《ささ》える生命尊厳《せいめいそんげん》の思想《しそう》が確立《かくりつ》されなければ、社会《しゃかい》は規範《きはん》を失《うしな》い混迷《こんめい》し、民衆《みんしゅう》が苦《くる》しんでいく。大聖人御在世《ございせ》の世《せ》相《そう》がまさしくそうでした。だからこそ、「立正安国《りっしょうあんこく》」の闘争《とうそう》を貫《つらぬ》かれたのです。これは、先行《さきゆ》きが不透明《ふとうめい》な現代社会《げんだいしゃかい》も同《おな》じではないでしょうか。

仏法の豊《ゆた》かな智慧《ちえ》を顕現《けんげん》

大聖人は、「智者《ちしゃ》とは、世間《せけん》の法《ほう》より外《ほか》に仏法《ぶっぽう》を行《おこな》わず。世間《せけん》の治世《ちせい》の法《ほう》を能《よ》く能《よ》く心得《こころえ》て候《そうろう》を、智者《ちしゃ》とは申《もう》すなり」（新一九六八ジペー・全一四六六ジペー）とも仰《おお》せです。

「信心」と「生活《せいかつ》」、「仏法」と「社会《しゃかい》」とは、それぞれ不二《ふに》の関係《かんけい》です。別々《べつべつ》のものではありません。

また、日々の信心の実践《じっせん》にあっても、ともすれば、仕事《しごと》が忙《いそが》しいと、〝いつか時間《じかん》ができたら学会活動《かつどう》に励《はげ》もう〟と考《かんが》えてしまいがちです。

しかし、信心即生活《そくせいかつ》とは本来《ほんらい》、一切《いっさい》を信心の挑戦《ちょうせん》と捉《とら》えることです。ゆえに、どんなに多忙《たぼう》でも、活動《かつどう》もできることを精《せい》いっぱいやろうという一念《いちねん》に立って祈《いの》るのです。

「体《たい》」である信心の一念《いちねん》が確立《かくりつ》されてこそ、その「影《かげ》」である仕事《しごと》をはじめ、世間《せけん》のことも、より良《よ》い方向《ほうこう》へと進《すす》めていくことができます。

たとえ、仕事《しごと》等で困難《こんなん》に直面《ちょくめん》することがあっても、信心を根幹《こんかん》に、懸命《けんめい》に、地道《じみち》に、着実《ちゃくじつ》に取《と》り組《く》んでいったとき、断《だん》じて切《き》り開《ひら》いていく智慧《ちえ》と力《ちから》を出しきれる。また、自身《じしん》が大きく成長《せいちょう》できるのです。

「鉄《くろがね》は炎《きた》い打《う》てば剣《つるぎ》となる」

なかんずく青年時代《じだい》は一生の福運《ふくうん》の土台《どだい》をつくる時《とき》です。

戸田先生は、「自分《じぶん》の境遇《きょうぐう》を嘆《なげ》いたり、怠《なま》けているうちに、黄金《おうごん》の青年時代《じだい》は過《す》ぎ去《さ》ってしまう」と語《かた》られていました。

「鉄《くろがね》は炎《きた》い打《う》てば剣《つるぎ》となる」（新一二八八㌻・全九五八㌻）です。鍛《きた》え抜《ぬ》かれた「宝剣《ほうけん》の生命」は、決《けっ》して朽《く》ちることはありません。

この妙法の剣《つるぎ》で人々の不幸《ふこう》の根源《こんげん》を断《た》ち切《き》りつつ、確《たし》かな平和《へいわ》と希望《きぼう》の連帯《れんたい》を、地域《ちいき》に社会《しゃかい》に大きく広《ひろ》げていくのです。

現実《げんじつ》を変革《へんかく》する挑戦者《ちょうせんしゃ》の連帯《れんたい》

私は、第《だい》四十五回《かい》「ＳＧＩの日」記念提言《きねんていげん》（二〇二〇年一月二十六日）で、国《こく》連《れん》のＳＤＧｓ《エスディージーズ》（持続可能《じぞくかのう》な開発目標《かいはつもくひょう》）の達成期限《たっせいきげん》である二〇三〇年に向《む》けて、「行動《こうどう》の十年」へ青年が中心《ちゅうしん》になって幅広《はばひろ》く活動《かつどう》を展開《てんかい》していくことを呼《よ》び掛《か》けました。

貧困《ひんこん》や気候変動《きこうへんどう》の問題《もんだい》をはじめ、ＳＤＧｓ《エスディージーズ》の目標《もくひょう》を達成《たっせい》していく道《みち》のりは、困難《こんなん》の連続《れんぞく》でしょう。しかし、現実変革《げんじつへんかく》を求《もと》める世界《せかい》の青年たちの連帯《れんたい》があれば、乗《の》り越《こ》えられない壁《かべ》など決《けっ》してないと、私は固《かた》く信《しん》じています。

先師《せんし》も恩師《おんし》も、青年の偉大《いだい》な生命《せいめい》と無限《むげん》の力《ちから》を信《しん》じ、大切《たいせつ》にされた。私も、青年を焦点《しょうてん》に育成《いくせい》に全力《ぜんりょく》を挙《あ》げてきました。それに応《こた》えて青年が陸続《りくぞく》と誕生《たんじょう》し、成長《せいちょう》し、活躍《かつやく》してきたからこそ、創価の世界《せかい》は五大州《ごだいしゅう》へと発展《はってん》したのです。青年の人間革命によって、社会《しゃかい》も、国《くに》も、世界《せかい》も、大きく変《か》えていけるのです。

ペッチェイ博士の共感《きょうかん》と期待《きたい》

人類《じんるい》の頭脳《ずのう》「ローマクラブ」〈注6〉の創設者《そうせつしゃ》であるペッチェイ博士〈注7〉と、私は幾《いく》たびも語《かた》らいを重《かさ》ねました。忘《わす》れ得《え》ぬ最初《さいしょ》の語《かた》らいは一九七五年（昭和五十年）で、博士は、小説《しょうせつ》『人間革命』（英語版《えいごばん》）を携《たずさ》えてこられました。生命《せいめい》の根源的《こんげんてき》な変革《へんかく》に取《と》り組《く》む学会の「人間革命」運動《うんどう》に深《ふか》く共感《きょうかん》されていたのです。

「私はいままで、人間性革命を唱《とな》え行動《こうどう》してきたが、それを更《さら》に深《ふか》く追究《ついきゅう》するならば、究極《きゅうきょく》は人間革命に帰着《きちゃく》する」と。

学会は永遠《えいえん》に社会に人材《じんざい》を輩出《はいしゅつ》

博士は晩年《ばんねん》まで、人間革命の重要性《じゅうようせい》を訴《うった》え、「世界《せかい》を変革《へんかく》できるのは、青年だよ。青年の人間革命によって、世界《せかい》は変《か》わるんだよ」と語《かた》っていました。混沌《こんとん》とする世界《せかい》にあって、平和《へいわ》への確《たし》かな潮流《ちょうりゅう》を築《きず》き、人類《じんるい》の未来《みらい》を大きく開《ひら》く鍵《かぎ》を握《にぎ》るのは青年の新《あたら》しき力《ちから》なのです。

学会は草創以来《そうそういらい》、青年を先頭《せんとう》にさまざまな課題《かだい》に挑《いど》み、前進《ぜんしん》してきました。それも、どこまでも眼前《がんぜん》の仕事《しごと》や学業《がくぎょう》などを大切《たいせつ》にして行動《こうどう》し、現実《げんじつ》から遊離《ゆうり》しない青年による変革《へんかく》の運動《うんどう》です。この伝統《でんとう》は今《いま》も未来《みらい》も、変《か》わることはありません。永遠《えいえん》に学会は、社会《しゃかい》に、世界《せかい》に、有為《ゆうい》の人材《じんざい》を輩出《はいしゅつ》し続《つづ》けます。

地涌《じゆ》の青年が地球《ちきゅう》の未来《あす》を創《つく》る

「人間革命」を基調《きちょう》とした平和《へいわ》、文化《ぶんか》、教育《きょういく》の運動《うんどう》の輪《わ》が広《ひろ》がれば広《ひろ》がるほど、「立正安国《りっしょうあんこく》」と「広宣流布」も成《な》し遂《と》げられていきます。

世界中《せかいじゅう》で、創価の「地涌《じゆ》の青年」たちが、一人立って自《みずか》らの誓願《せいがん》の舞台《ぶたい》に躍《おど》り出《で》て、熱《ねつ》と力《ちから》を発揮《はっき》して活躍《かつやく》していけば、地球《ちきゅう》の未来《あす》は明《あか》るく輝《かがや》くのです。

［注　解］

〈注1〉【変毒為薬《へんどくいやく》】「毒《どく》を変《へん》じて薬《くすり》と為《な》す」と読《よ》み下《くだ》す。妙法の力《ちから》によって、煩悩《ぼんのう》・業《ごう》・苦《く》の三《さん》道《どう》に支配《しはい》された生命《せいめい》を、法身《ほっしん》・般若《はんにゃ》・解脱《げだつ》という仏《ほとけ》の三徳《さんとく》に満《み》ちた生命《せいめい》へと転換《てんかん》することをいう。『大智度論《だいちどろん》』巻《まき》一〇〇に「大薬師《だいやくし》の能《よ》く毒《どく》を以《もっ》て薬《くすり》と為《な》すが如《ごと》し」と説《と》かれている。

〈注2〉【一生成仏抄《いっしょうじょうぶつしょう》】日蓮大聖人が建長《けんちょう》七年（一二五五年）に著《あらわ》され、富木常忍《ときじょうにん》に与《あた》えられたと伝《つた》えられている。南無妙法蓮華経の題目を唱《とな》えることが一生成仏《いっしょうじょうぶつ》の直道《じきどう》であることを強調《きょうちょう》されている。

〈注3〉【無明《むみょう》】生命《せいめい》の根源的《こんげんてき》な無知《むち》。究極《きゅうきょく》の真実《しんじつ》を明《あ》かした妙法を信《しん》じられず理解《りかい》できない癡《おろ》かさ。また、その無知《むち》から起《お》こる暗《くら》い衝動《しょうどう》。

〈注4〉普賢品《ふげんぼん》の「此人不久当詣道場《しにんふくとうけいどうじょう》（此《こ》の人《ひと》は久《ひさ》しからずして、当《まさ》に道場《どうじょう》に詣《いた》りて）」（法華経六七六㌻）の文《もん》について、「御義口伝《おんぎくでん》」では「法華経《ほけきょう》を持《たも》ち奉《たてまつ》る処《ところ》を、『当詣道場《とうけいどうじょう》』と云《い》うなり。ここを去《さ》ってかしこに行《い》くにはあらざるなり」（新一〇八六㌻・全七八一㌻）と仰《おお》せである。

〈注5〉「諸経《しょきょう》と法華経《ほけきょう》と難易《なんい》の事《こと》」。弘安《こうあん》三年（一二八〇年）五月、身延《みのぶ》で認《したた》められ富木常忍《ときじょうにん》に送《おく》られた書《しょ》。難信難解《なんしんなんげ》についての質問《しつもん》に問答形式《もんどうけいしき》で答《こた》えられている。

〈注6〉【ローマクラブ】アウレリオ・ペッチェイ博士を中心《ちゅうしん》に「地球《ちきゅう》の有限性《ゆうげんせい》」という共通《きょうつう》の問《もん》題意識《だいいしき》をもつ世界各国《せかいかっこく》の有識者《ゆうしきしゃ》が集《あつ》まって結成《けっせい》した任意団体《にんいだんたい》。一九六八年にローマで初会《はつかい》合《ごう》を開《ひら》いたことから、この名がある。七二年に「人類《じんるい》の危機《きき》」リポート『成長《せいちょう》の限界《げんかい》』を発表《はっぴょう》し世界《せかい》に警告《けいこく》を発《はっ》した。池田先生は、ペッチェイ博士や、同《どう》クラブ元《もと》会長のホフライトネル博士、共同《きょうどう》会長を務《つと》めたエルンスト・ヴァイツゼッカー博士とも対話《たいわ》し、その内容《ないよう》は、それぞれ対談集《たいだんしゅう》に結実《けつじつ》している。

〈注7〉【ペッチェイ博士】一九〇八年〜八四年。アウレリオ・ペッチェイ。イタリアの実業家《じつぎょうか》。ローマクラブを創設《そうせつ》。池田先生との対談集《たいだんしゅう》『二十一世紀《せいき》への警鐘《けいしょう》』（『池田大作全集《ぜんしゅう》』第《だい》四巻所収《かんしょしゅう》）がある。

広布大願《だいがん》の実現《じつげん》が「創価の師弟《してい》」の魂《たましい》

前夜《ぜんや》の雷雨《らいう》はやみ、鮮《あざ》やかな虹《にじ》もかかり、五月晴《さつきば》れの空が広《ひろ》がりました。新《あら》たな広宣流布への旅立《たびだ》ちを、諸天《しょてん》も大喝采《だいかっさい》で祝福《しゅくふく》してくれているような朝《あさ》でした。

自宅《じたく》を出る前《まえ》、私は一首《しゅ》を詠《よ》みました。

「負《ま》けるなと　断《だん》じて指揮《しき》とれ
　師《し》の声《こえ》は　己《おのれ》の生命《いのち》に　轟《とどろ》き残《のこ》らむ」

一九六〇年（昭和三十五年）の五月三日――。
東京・墨田区《すみだく》の両国《りょうごく》にあった日大講堂《にちだいこうどう》〈注1〉で、私の第《だい》三代《だい》会長就任式《しゅうにんしき》となる春季総会《しゅんきそうかい》が行《おこな》われました。恩師《おんし》・戸田城聖《じょうせい》先生の第《だい》二代《だい》会長就任《しゅうにん》から九年《ねん》後《ご》の同《おな》じ日です。

発迹顕本《ほっしゃくけんぽん》した弟子の自覚《じかく》

正午《しょうご》、大鉄傘《だいてっさん》を揺《ゆ》るがすような同志《どうし》の手拍子《てびょうし》と学会歌の歌声《うたごえ》の中、私は一階後方《こうほう》から正面壇上《しょうめんだんじょう》に向《む》かって歩《あゆ》みを運《はこ》びました。仰《あお》げば、恩師《おんし》の大きな遺影《いえい》が見守《みまも》っていました。

〝広宣流布の大願《だいがん》を果《は》たせ！　断固《だんこ》と指揮《しき》を頼《たの》むぞ！　断《だん》じて負《ま》けるな！〟
――先生の厳《げん》たる声《こえ》が聞《き》こえるようでした。
先生は第《だい》二代《だい》会長に就任《しゅうにん》されるに際《さい》して、創価学会は今《いま》や発迹顕本《ほっしゃくけんぽん》〈注2〉

したのだと断言《だんげん》されました。それは学会員の中に、広宣流布の師匠《ししょう》と共《とも》に誓願《せいがん》を果《は》たさんとの、地涌《じゆ》の菩薩《ぼさつ》の自覚《じかく》が浸透《しんとう》し、敢然《かんぜん》と、皆《みな》が奮《ふる》い立《た》ったことを宣言《せんげん》されたのです。

「地涌《じゆ》の使命《しめい》」に一人立つ!

私たちが師匠《ししょう》・戸田先生から受《う》け継《つ》いだのは、「広宣流布の大願《だいがん》」であり、誇《ほこ》り高《たか》き「地涌《じゆ》の使命《しめい》」です。私は十年余《よ》にわたって恩師《おんし》にお仕《つか》えする中で、広布を断行《だんこう》するための「勇気《ゆうき》」と「智慧《ちえ》」、「信心」と「戦《たたか》い」を学び、生命《せいめい》に深《ふか》く打《う》ち込《こ》んでいただきました。

激闘《げきとう》に次《つ》ぐ激闘《げきとう》の日々でした。師弟《してい》の捨《す》て身《み》の悪戦苦闘《あくせんくとう》が続《つづ》いていたある日には、「お前《まえ》は生《い》き抜《ぬ》け。断《だん》じて生《い》き抜《ぬ》け! 俺《おれ》の命《いのち》と交換《こうかん》するんだ」とさえ言《い》われたこともありました。今日《こんにち》までの私の人生は、恩師《おんし》から受《う》けた薫陶《くんとう》が一切《いっさい》の礎《いしずえ》となっています。感謝《かんしゃ》は尽《つ》きません。

「一歩前進《いっぽぜんしん》への指揮《しき》を」

私は、先生の不二《ふに》の弟子《でし》として会長就任《しゅうにん》の挨拶《あいさつ》に立ちました。
「若輩《じゃくはい》ではございますが、本日より、戸田門下生《もんかせい》を代表《だいひょう》して、化儀《けぎ》の広宣流布を目指《めざ》し、一歩前進《いっぽぜんしん》への指揮《しき》を執《と》らせていただきます！」

三十二歳《さい》の青年会長として、第一声《だいいっせい》を放《はな》った時《とき》、私の胸中《きょうちゅう》には不惜身命《ふしゃくしんみょう》の大《だい》闘争《とうそう》への決意《けつい》が漲《みなぎ》っていました。御聖訓《ごせいくん》に照《て》らし、悪世末法《あくせまっぽう》に法華経を弘《ひろ》めゆくには、大難《だいなん》が起《お》きるのは必然《ひつぜん》です。創価学会は仏意仏勅《ぶついぶっちょく》の広宣流布の和合僧《わごうそう》団《だん》であるがゆえに、誉《ほま》れも高《たか》く、御本仏《ごほんぶつ》・日蓮大聖人が示《しめ》された通《とお》り、死身弘《ししんぐ》法《ほう》〈注3〉、忍難弘通《にんなんぐつう》の道《みち》を貫《つらぬ》くしかありません。

「開目抄《かいもくしょう》」〈注4〉に仰《おお》せの、「詮《せん》ずるところは、天《てん》もすて《捨》給《たま》え、諸難《しょなん》にもあ《遭》え、身命《しんみょう》を期《ご》とせん」（次頁参照）との一節《いっせつ》は、「生死《しょうじ》を超《こ》え、今世《こんぜ》の一生の法《ほう》戦始《せんはじ》む」と覚悟《かくご》した私の、一日片時《かたとき》も離《はな》れぬ誓《ちか》いとなったのです。

開目抄《かいもくしょう》

御文　（新一一四ジペー・全二三二ジペー）

詮《せん》ずるところは、天《てん》もすて捨給《たま》え、諸難《しょなん》にもあえ遭、身命《しんみょう》を期《ご》とせん。

現代語訳

結論《けつろん》して言《い》うならば、天《てん》が私を見捨《みす》てても構《かま》わない。いかなる難《なん》にも遭《あ》おう。私は身命《しんみょう》をなげうつ覚悟《かくご》である。

「宗教観《しゅうきょうかん》」「信仰観《しんこうかん》」の根本的転換《こんぽんてきてんかん》

日蓮大聖人こそ真実《しんじつ》の「法華経《ほけきょう》の行者《ぎょうじゃ》」であることを宣言《せんげん》された、「開目《かいもく》抄《しょう》」全編中《ぜんぺんちゅう》の白眉《はくび》の御文《ごもん》です。先師《せんし》・牧口常三郎《つねさぶろう》先生も、戸田先生も御書に印《しるし》を付《ふ》され、まさしく身読《しんどく》し抜《ぬ》いていかれました。

戸田先生は、この一段《いちだん》を拝《はい》するに際《さい》し、ご自身《じしん》も「広宣流布大願《だいがん》に命《いのち》を捨《す》てんと覚悟《かくご》をしたもの」であるとの自覚《じかく》に立《た》たれていました。そして、大聖人の〝偉大《いだい》なる慈悲《じひ》〟〝偉大《いだい》なる確信《かくしん》〟〝熱烈《ねつれつ》なる大衆救護《たいしゅうくご》の精神《せいしん》〟〝ひたぶるな広宣流布への尊厳《そんげん》なる意気《いき》〟にふれることを願《ねが》われたのです。

大聖人が法華経の行者《ぎょうじゃ》であるなら、なぜ、諸天《しょてん》の加護《かご》がないのか。なぜ、大《だい》難《なん》が襲《おそ》い来《きた》るのか……。「開目抄《かいもくしょう》」では、これらの論難《ろんなん》について、「詮《せん》ずるところは」の段《だん》までに、道理《どうり》と文証《もんしょう》による厳密《げんみつ》な検証《けんしょう》を通《とお》して、全《すべ》て打《う》ち破《やぶ》られています。法華経は確《たし》かに、法華経の行者《ぎょうじゃ》の「現世《げんぜ》安穏《あんのん》・後生善処《ごしょうぜんしょ》」〈注5〉を、また諸天《しょてん》の加護《かご》のあることを説《と》いています。しかし、真実《しんじつ》の仏法は、諸天《しょてん》の加《か》護《ご》を待《ま》ち焦《こ》がれ、頼《たの》みにするような宗教《しゅうきょう》でも、超越的《ちょうえつてき》な力《ちから》への〝おすがり信《しん》仰《こう》〟でもありません。

何《なに》があろうが、万人成仏《ばんにんじょうぶつ》の法《ほう》たる法華経を信《しん》じ、妙法弘通《ぐつう》の誓願《せいがん》に生き抜《ぬ》き、いかなる過酷《かこく》な環境《かんきょう》をも包《つつ》み返《かえ》していく。そこには、宇宙《うちゅう》の根源《こんげん》の法《ほう》に則《のっと》った、凜然《りんぜん》と「一人立つ」人間の魂《たましい》の勝《か》ち鬨《どき》が轟《とどろ》いています。そうであってこそ、諸天《しょてん》をも揺《ゆ》り動《うご》かし、真《しん》に現世《げんぜ》を安穏《あんのん》ならしめることができるのです。

これは、宗教観《しゅうきょうかん》、信仰観《しんこうかん》の根本的転換《こんぽんてきてんかん》といってよいでしょう。過酷《かこく》な試練《しれん》に直面《ちょくめん》して、「結局《けっきょく》、人間は何《なに》もできない」と、諦観《ていかん》を説《と》き、人々を無気力《むきりょく》にしていく思想《しそう》もありました。そうではなく、いかなる理不尽《りふじん》な苦難《くなん》があろうと、「それにもかかわらず、人間はさらに強《つよ》くなれる」「いな、だからこそ、苦闘《くとう》を通《とお》して無限《むげん》の可能性《かのうせい》を開《ひら》くのだ」と励《はげ》ます。これが日蓮大聖人の仏法です。法華経の行者《ぎょうじゃ》の大師子吼《だいししく》たる「詮《せん》ずるところは」との仰《おお》せから、そうした人間精神《せいしん》の究極《きゅうきょく》の底力《そこぢから》が拝《はい》されてならないのです。

今《いま》こそ人類《じんるい》は「生《せい》への選択《せんたく》」を

ここで思《おも》い起《お》こすのは、トインビー博士のことです。人間と文明《ぶんめい》の諸問題《しょもんだい》を語《かた》り合《あ》う中で、西欧知識人《せいおうちしきじん》の代表《だいひょう》とも言《い》える博士は、西洋文明《せいようぶんめい》の将来《しょうらい》について悲観的《ひかんてき》であると述懐《じゅっかい》されていました。

しかし、その博士が私との対談集《たいだんしゅう》『二十一世紀《せいき》への対話《たいわ》』の英語版《えいごばん》タイトルとして提案《ていあん》されたのは、「CHOOSE LIFE《チューズライフ》」――すなわち「生《せい》への選択《せんたく》」（生《せい》を選《えら》べ！）という言葉《ことば》でした。『旧約聖書《きゅうやくせいしょ》』の「申命記《しんめいき》」から取《と》られたものだと伺《うかが》いました。

博士は、過酷《かこく》な苦難《くなん》の「挑戦《ちょうせん》」に対《たい》する人間の「応戦《おうせん》」に、偉大《いだい》な文明《ぶんめい》や宗《しゅう》教《きょう》が生《う》まれる源泉《げんせん》があると洞察《どうさつ》されていました。対談《たいだん》では、未来《みらい》の宗教像《しゅうきょうぞう》について、「人類《じんるい》の生存《せいぞん》をいま深刻《しんこく》に脅《おびや》かしている諸悪《しょあく》と対決《たいけつ》し、これらを克服《こくふく》する力《ちから》を、人類《じんるい》に与《あた》えるものでなければならない」とも強調《きょうちょう》されました。

博士が付《つ》けられた「生《せい》を選《えら》べ！」との題名《だいめい》には、〝たとえ現実《げんじつ》がどれほど苦《く》難《なん》に満《み》ちていようとも、それにもかかわらず、人類《じんるい》よ、生《せい》を選《えら》べ！　人間よ、勇気《ゆうき》と智慧《ちえ》を振《ふ》り絞《しぼ》って、断固《だんこ》と生《い》き抜《ぬ》くのだ！〟との厳粛《げんしゅく》な願《ねが》いが込《こ》められているのではないでしょうか。

これは、創価学会が人類《じんるい》に贈《おく》るべき希望《きぼう》のメッセージでもあります。

博士は、私の小説《しょうせつ》『人間革命』の英訳本《えいやくぼん》にも序文《じょぶん》を寄《よ》せてくださり、その中で「創価学会は、既《すで》に世界的出来事《せかいてきできごと》である」と評《ひょう》され、「人間革命の活動《かつどう》を通《とお》し、日蓮の遺命《ゆいめい》を実行《じっこう》している」とも述《の》べられていました。この「遺命《ゆいめい》」とは、まさに「広宣流布」即《そく》「世界平和《せかいへいわ》」にほかなりません。

烈風逆風《れっぷうぎゃくふう》に負《ま》けない不退《ふたい》の信念《しんねん》

「いざ往《ゆ》かん　月氏《がっし》の果《はて》まで　妙法を
拡《ひろ》むる旅《たび》に　心勇《いさ》みて」

就任式《しゅうにんしき》の会場《かいじょう》に掲《かか》げられた恩師《おんし》の和歌《わか》を胸《むね》に、私は、世界中《せかいじゅう》を駆《か》け巡《めぐ》りました。今日《こんにち》の世界《せかい》広布の発展《はってん》は、ご存《ぞん》じの通《とお》りです。しかし、決《けっ》して順風満帆《じゅんぷうまんぱん》の航海《こうかい》ではありませんでした。むしろ、常《つね》に烈風逆風《れっぷうぎゃくふう》との壮絶《そうぜつ》な戦《たたか》いの中で、毎年の「5・3」の節《ふし》を刻《きざ》み、粘《ねば》り強《づよ》く前進《ぜんしん》の歩《あゆ》みを積《つ》み重《かさ》ねていったのです。

経文《きょうもん》の通《とお》り、御書の通《とお》りの「猶多怨嫉《ゆたおんしつ》・況滅度後《きょうめつどご》」〈注6〉の非難中傷《ひなんちゅうしょう》の嵐《あらし》、三類《さんるい》の強敵《ごうてき》〈注7〉からの大難《だいなん》の中を突《つ》き進《すす》む歳月《さいげつ》でした。これほど、事《じ》実無根《じつむこん》の悪口罵詈《あっくめり》を浴《あ》び続《つづ》けた団体《だんたい》も個人《こじん》もないでしょう。また、破和合僧《はわごうそう》の悪僧《あくそう》たちによる宗門事件《しゅうもんじけん》も勃発《ぼっぱつ》しました。

しかし「難《なん》こそ誉《ほま》れ」です。

「詮《せん》ずるところは、天もすて《捨》給《たま》え、諸難《しょなん》にもあえ《遭》、身命《しんみょう》を期《ご》とせん」との御《ご》本仏《ほんぶつ》の御確信《ごかくしん》を拝《はい》し、恐《おそ》れず、怯《ひる》まず、師子王《ししおう》のごとく、広布の大願《だいがん》に生《い》き抜《ぬ》いてきたのが創価の師弟《してい》です。だからこそ、妙法の無限《むげん》の力《ちから》を引《ひ》き出《だ》し、広宣流布の堅固《けんご》な基盤《きばん》を築《きず》くことができたのです。そして今《いま》、世界《せかい》百九十二カ国・

地域《ちいき》の共戦《きょうせん》の同志《どうし》の勇気《ゆうき》と智慧《ちえ》で、世界宗教《せかいしゅうきょう》の翼《つばさ》をいよいよ大きく広《ひろ》げているのです。

「詮《せん》ずるところは」と、一切《いっさい》の状況《じょうきょう》を転換《てんかん》しゆく起点《きてん》こそ、「誓願《せいがん》」にほかなりません。

「開目抄《かいもくしょう》」には、大聖人がただお一人、妙法弘通《ぐつう》の大闘争《だいとうそう》に踏《ふ》み出《だ》されるにあたり、自《みずか》ら立てられた大願《だいがん》が示《しめ》されます。すなわち、

「我《われ》日本《にほん》の柱《はしら》とならん」

「我《われ》日本《にほん》の眼目《がんもく》とならん」

「我《われ》日本《にほん》の大船《たいせん》とならん」（新一一四ページ・全二三二ページ）と。

「ちかい《誓》し願《ねが》いやぶる《破》べからず」（同ページ）と言われた、この広宣流布の誓願《せいがん》こそ、いかなる大難《だいなん》にも屈服《くっぷく》しない、法華経の行者《ぎょうじゃ》の不退《ふたい》の証《あかし》であり、末法救《まっぽうきゅう》済《さい》の御本仏《ごほんぶつ》の魂《たましい》です。

御義口伝《おんぎくでん》

御文　（新一〇二七ジペー・全七三六ジペー）

第二《だいに》「成就大願《じょうじゅだいがん》、愍衆生故《みんしゅじょうこ》、生於悪世《しょうおあくせ》、広演此経《こうえんしきょう》（大願《だいがん》を成就《じょうじゅ》して、衆生《しゅじょう》を愍《あわ》れむが故《ゆえ》に、悪世《あくせ》に生《う》まれて、広《ひろ》くこの経《きょう》を演《の》ぶ）」の事《こと》

御義口伝《おんぎくでん》に云《い》わく、「大願《だいがん》」とは、法華弘通《ほっけぐつう》なり。「愍衆生《みんしゅじょう》故《こ》」とは、日本国《にほんこく》の一切衆生《いっさいしゅじょう》なり。「生於悪世《しょうおあくせ》」の人《ひと》とは、日《にち》蓮等《れんら》の類《たぐ》いなり。「広《こう》」とは、南閻浮提《なんえんぶだい》なり。「此経《しきょう》」とは、題目《だいもく》なり。今《いま》、日蓮等《にちれんら》の類《たぐ》い、南無妙法蓮華経と唱《とな》え奉《たてまつ》るなり。

現代語訳

法師品第十《ほっしほんだい》の「成就大願《じょうじゅだいがん》　愍衆生故《みんしゅじょうこ》　生於悪世《しょうおあくせ》　広演此経《こうえんしきょう》」（大願《だいがん》を成就《じょうじゅ》して……衆生《しゅじょう》を愍《あわ》れむが故《ゆえ》に、悪世《あくせ》に生《う》まれて、広《ひろ》く此《こ》の経《きょう》を演《の》ぶ）の文《もん》について、御義口伝《おんぎくでん》に仰《おお》せである。

「大願《だいがん》を成就《じょうじゅ》して」の「大願《だいがん》」とは法華弘通《ほっけぐつう》すなわち広宣流布のことである。「衆生《しゅじょう》を愍《あわ》れむが故《ゆえ》に」の「衆生《しゅじょう》」とは日本国の一切衆生《いっさいしゅじょう》のことである。「悪世《あくせ》に生《う》まれて」くる人の「人」とは、日蓮とその門下《もんか》である。「広《ひろ》く此《こ》の経《きょう》を演《の》ぶ」の「広《ひろ》く」とは南閻浮提《なんえんぶだい》、すなわち全世界《ぜんせかい》に広宣流布することである。「此《こ》の経《きょう》」とは南無妙法蓮華経の題目のことである。

今《いま》、日蓮とその弟子《でし》として、南無妙法蓮華経と唱《とな》える者《もの》のことである。

あえて悪世《あくせ》に願《ねが》って生まれる

法華経法師品《ほっしほん》には、如来滅後《にょらいめつご》の世《よ》に法華経を弘《ひろ》める人は、実《じつ》は悪世《あくせ》に願《ねが》って生まれてきた偉大《いだい》な菩薩《ぼさつ》なのであると説《と》かれています。

この願《ねが》いとは何《なに》か。「御義口伝《おんぎくでん》」の「法師品十六箇《ほっしほんじゅうろっか》の大事《だいじ》」のうち「第二《だいに》」の講義《こうぎ》には、『大願《だいがん》』とは、法華弘通《ほっけぐつう》なり」と仰《おお》せです。すなわち広宣流布の「大願《だいがん》」によって、あえて悪世《あくせ》に生まれてきたというのです。

「衆生《しゅじょう》を愍《あわ》れむが故《ゆえ》に」の「愍《みん》」の字には、「胸《むね》を痛《いた》める」という意味《いみ》があります。苦《くる》しんでいる誰《だれ》かの身《み》になって、わがことのように胸《むね》を痛《いた》める。決《けっ》して高《たか》みからではない。同苦《どうく》であり、共苦《きょうく》です。同《おな》じ人間として、寄《よ》り添《そ》い、分かり合《あ》い、励《はげ》まし合《あ》うのです。そして、この菩薩《ぼさつ》たちが生《せい》を受《う》けて妙法を「広《ひろ》く演《の》ぶ」る国土《こくど》とは、南閻浮提《なんえんぶだい》〈注8〉であり、娑婆世界《しゃばせかい》〈注9〉です。

妙楽大師《みょうらくだいし》は、この法師品《ほっしほん》の文《もん》に依拠《えきょ》して、「願兼於業《がんけんおごう》」〈注10〉の法理《ほうり》を明《あ》かしました。

「業《ごう》」とは過去世《かこせ》の業因《ごういん》によって生《しょう》じる国土《こくど》が決《き》まる「業生《ごうしょう》」を意味《いみ》し、「願《がん》」とは菩薩《ぼさつ》が衆生救済《しゅじょうきゅうさい》の誓願《せいがん》によって、あえて悪世《あくせ》に生まれる「願生《がんしょう》」を意味《いみ》します。

法華経は、過去世《かこせ》からの「宿業《しゅくごう》」に縛《しば》られて生きるのではなく、誓願《せいがん》によって「使命《しめい》」に生きることを教《おし》えました。

今《いま》ある境遇《きょうぐう》を運命《うんめい》だと諦《あきら》めるのでも、全《すべ》てが偶然《ぐうぜん》だと虚無的《きょむてき》になるのでもない。自分《じぶん》はあえて願《ねが》って生まれてきた、使命《しめい》あってここにいる、と深《ふか》く捉《とら》え返《かえ》していくのです。

大聖人は、太陽のごとく末法《まっぽう》の衆生《しゅじょう》の闇《やみ》を照《て》らす上行菩薩《じょうぎょうぼさつ》〈注11〉の御自覚《ごじかく》を示《しめ》され、弟子《でし》たちに仰《おお》せです。

「かかる者《もの》の弟子檀那《でしだんな》とならん人々《ひとびと》は、宿縁《しゅくえん》ふかしと思《おも》って、日蓮《にちれん》と同《おな》じく法華経《ほけきょう》を弘《ひろ》むべきなり。法華経《ほけきょう》の行者《ぎょうじゃ》といわれぬること、はや不祥《ふしょう》なり、まぬ《免》

かれがたき身《み》なり」（新一二七〇ページ・全九〇三ページ）
師弟《してい》の深《ふか》き宿縁《しゅくえん》を自覚《じかく》し、師《し》の大恩《だいおん》に報《むく》いようと、共《とも》に広宣流布の誓願《せいがん》に生きていく。そして、いかなる逆境《ぎゃっきょう》にあろうと、宿命《しゅくめい》を使命《しめい》に変《か》え、人間として最《もっと》も力強《ちからづよ》い生《い》き方《かた》を貫《つらぬ》いていく――これ以上《いじょう》に崇高《すうこう》な人生はありません。

地球《ちきゅう》を包《つつ》む「世界市民《せかいしみん》」の連帯《れんたい》

私が第《だい》三代会長《だいかいちょう》として本格的《ほんかくてき》に世界《せかい》広宣流布への行動《こうどう》を開始《かいし》して六十年（二〇二〇年）――。今《いま》、御書に仰《おお》せの「地涌《じゆ》の義《ぎ》」〈注12〉そのままに、世界中《せかいじゅう》で使命《しめい》の友《とも》が陸続《りくぞく》と立ち上がっています。

現実《げんじつ》には、この娑婆《しゃば》世界《せかい》にあって、誰《だれ》もが生老病死《しょうろうびょうし》の苦悩《くのう》を抱《かか》えながら生きねばならない。自然災害《しぜんさいがい》や事故《じこ》、病気《びょうき》や経済苦《けいざいく》、また、家庭《かてい》や人間関係《かんけい》の苦《くる》しみもある。理不尽《りふじん》な差別《さべつ》や、いじめにあう場合《ばあい》もある。

しかし、日蓮仏法は教《おし》えてくれます。「労苦《ろうく》が大きい」ということは、それだけ「使命《しめい》が大きい」のです。苦境《くきょう》は即《そく》、宿命転換《しゅくめいてんかん》の舞台《ぶたい》なのです。必死《ひっし》に宿《しゅく》命《めい》と戦《たたか》う中で境涯《きょうがい》を開《ひら》いてこそ、人々の苦《くる》しみが分かり、誰《だれ》をも励《はげ》ませる、慈《じ》悲深《ひぶか》い人間になるのです。そして、一番苦労《いちばんくろう》した人が一番幸《いちばんしあわ》せになるという逆《ぎゃく》転劇《てんげき》を演《えん》じていけるのです。

また、世界《せかい》には、「戦乱《せんらん》に傷《きず》ついた祖国《そこく》の平和《へいわ》のために働《はたら》きたい」「苦《くる》しむ同《どう》胞《ほう》を助《たす》けたい」「社会《しゃかい》の再生《さいせい》のために貢献《こうけん》したい」と誓《ちか》って立ち上がった友《とも》が大勢《おおぜい》います。

皆《みな》、普通《ふつう》の市民《しみん》であり、庶民《しょみん》です。それぞれが自身《じしん》の人間革命を通《とお》して周囲《しゅうい》の人々に希望《きぼう》と勇気《ゆうき》を贈《おく》りながら、一国《いっこく》、そして人類《じんるい》の「宿命《しゅくめい》の転換《てんかん》」を願《ねが》って立ち上がっているのです。なんと尊極《そんごく》な心《こころ》でしょうか！

今《いま》や同志《どうし》が唱《とな》える題目の音声《おんじょう》が、全人類《ぜんじんるい》の故郷《こきょう》である地球《ちきゅう》を包《つつ》み、妙法を持《たも》った人材《じんざい》があらゆる分野《ぶんや》に躍《おど》り出《で》て、人々の幸福《こうふく》のため、社会《しゃかい》の繁栄《はんえい》と安穏《あんのん》のため、世界《せかい》の平和《へいわ》のために奮闘《ふんとう》しています。

まさしく、久遠《くおん》の使命《しめい》によって呼《よ》び出《いだ》された地涌《じゆ》の菩薩《ぼさつ》にあらずんば、到底《とうてい》なしえないことです。

「能《よ》く能《よ》く心《こころ》をきた《鍛》わせ給《たも》うにや」（新一六〇八㌻・全一一八六㌻）と仰《おお》せの通《とお》り、地涌《じゆ》の菩薩《ぼさつ》は、いかなる苦難《くなん》にも屈《くっ》しない「負《ま》けじ魂《だましい》」の菩薩《ぼさつ》です。忍耐《にんたい》強《づよ》い菩薩《ぼさつ》です。それだけ生命《せいめい》を鍛《きた》え抜《ぬ》いた菩薩《ぼさつ》です。しかも、どんな苦難《くなん》と混《こん》乱《らん》の時代《じだい》にあっても、「我《われ》、ここで戦《たたか》わん！」と強靱《きょうじん》な生命《せいめい》の空間《くうかん》を広《ひろ》げて、一日一日を生《い》き抜《ぬ》くのです。

インドのマハトマ・ガンジーの魂《たましい》を受《う》け継《つ》ぐ、ラダクリシュナン博士〈注13〉は語《かた》っていました。

「創価学会の皆様《みなさま》は、これまで常《つね》に試練《しれん》の連続《れんぞく》でした。だから永遠《えいえん》なのです。試練《しれん》を受《う》けることは、ますます成長《せいちょう》し、ますます強《つよ》くなることの証明《しょうめい》です」と。

“悲惨《ひさん》のない世界《せかい》”の実現《じつげん》へ

牧口先生は戦時下《せんじか》の牢獄《ろうごく》で、「広宣流布」の意味《いみ》を尋問《じんもん》され、「末法《まっぽう》の時代《じだい》、いわゆる現世《げんぜ》のごとき濁悪《じょくあく》の時代《じだい》に、その濁悪《じょくあく》の時代思想《じだいしそう》を南無妙法蓮華経の真理《しんり》によって浄化《じょうか》すること」であると主張《しゅちょう》されました。さらに流布《るふ》した妙法が国家社会《こっかしゃかい》の上に具現《ぐげん》し、戦争《せんそう》・飢饉《ききん》・疫病等《えきびょうとう》の天災地変《てんさいちへん》を免《まぬか》れ、日常《にちじょう》における各人《かくじん》の生活《せいかつ》にも安穏《あんのん》な幸福《こうふく》が実現《じつげん》することが究極《きゅうきょく》の希望《きぼう》であるとも訴《うった》えられています。

この牧口先生の願《ねが》いを受《う》け継《つ》いだ戸田先生は、戦後《せんご》も、戦火《せんか》や紛争《ふんそう》の絶《た》えない国々《くにぐに》の民衆《みんしゅう》に同苦《どうく》されつつ、「一日も早く、地上《ちじょう》からかかる悲惨事《ひさんじ》のないような世界《せかい》をつくりたい」「世界《せかい》にも、国家《こっか》にも、個人《こじん》にも、『悲惨《ひさん》』という文字《もじ》が使《つか》われないようにありたい」と、強《つよ》く深《ふか》く念願《ねんがん》されました。

さらに戸田先生は、広宣流布の姿《すがた》を、よく「個人《こじん》の幸福《こうふく》と社会《しゃかい》の繁栄《はんえい》の一致《いっち》」と表現《ひょうげん》されながら、「社会《しゃかい》の繁栄《はんえい》のために個人《こじん》を犠牲《ぎせい》にすることは絶対《ぜったい》にいけない」と語気《ごき》を強《つよ》められたものです。「広宣流布とは、人間のための社会《しゃかい》の建設《けんせつ》」であるとも、私たち青年に教《おし》えてくださった。

苦《くる》しむ民衆《みんしゅう》を救《すく》いたい。一人残《のこ》らず幸福《こうふく》にしたい。世界《せかい》を平和《へいわ》にしたい――創価の先師《せんし》・恩師《おんし》の心《こころ》に、一点《いってん》の曇《くも》りもありません。

私も、また、「民衆《みんしゅう》と共《とも》に。庶民《しょみん》と共《とも》に。同志《どうし》と共《とも》に。青年と共《とも》に。常《つね》に、常《つね》に」――会長就任《しゅうにん》に臨《のぞ》んで記《しる》した通《とお》りに、民衆《みんしゅう》の中で、民衆《みんしゅう》のために生《い》き抜《ぬ》いてきました。

これが創価の悲願《ひがん》であり、学会という広宣流布の組織《そしき》、民衆救済《みんしゅうきゅうさい》の慈悲《じひ》の教《きょう》団《だん》の偉大《いだい》な使命《しめい》です。だからこそ戸田先生は、未来《みらい》の経典《きょうてん》に「創価学会仏《ぶつ》」の名が厳然《げんぜん》と記《しる》し残《のこ》されることは間違《まちが》いないと語《かた》られたのです。

平和《へいわ》・文化《ぶんか》・教育《きょういく》の民衆運動《みんしゅううんどう》に

この師《し》の弟子《でし》として、六十年前《ねんまえ》（一九六〇年）、私は、「化儀《けぎ》の広宣流布の一《いっ》歩前進《ぽぜんしん》への指揮《しき》を執《と》る」と宣言《せんげん》しました。そのために「億劫《おくごう》の辛労《しんろう》」〈注14〉を尽《つ》くしゆく真剣《しんけん》な祈《いの》りを重《かさ》ねました。恩師《おんし》から託《たく》された構想《こうそう》を実現《じつげん》していくために走《はし》り続《つづ》けました。それはやがて、「化儀《けぎ》」すなわち現実社会《げんじつしゃかい》への具体的《ぐたいてき》な展開《てんかい》となり、あらゆる次元《じげん》での人材《じんざい》の活躍《かつやく》へと広《ひろ》がったのです。

顧《かえり》みれば、会長就任前《しゅうにんまえ》の四月五日、私は土地《とち》の検分《けんぶん》のため、東京・小平《こだいら》に足を運《はこ》びました。武蔵野《むさしの》の天地《てんち》には後《のち》に創価学園が、そして創価大学が建設《けんせつ》されていきました。

就任直後《しゅうにんちょくご》の七月十六日には返還前《へんかんまえ》の沖縄の天地《てんち》を訪《おとず》れ、二度《にど》と戦争《せんそう》を起《お》こさせないとの誓《ちか》いを同志《どうし》と刻《きざ》み、十月には世界《せかい》広布の扉《とびら》を開《ひら》くために、北南米《ほくなんべい》三カ国に飛《と》びました。

翌《よく》一九六一年には、仏教発祥《ぶっきょうはっしょう》のインドをはじめアジア各国《かっこく》を歴訪《れきほう》する中で、後《のち》の東洋哲学研究所《とうようてつがくけんきゅうじょ》や民主音楽協会《みんしゅおんがくきょうかい》（民音《みんおん》）の構想《こうそう》を広《ひろ》げ、さらにヨーロッパ訪問《ほうもん》の際《さい》は、美術館建設《びじゅつかんけんせつ》の夢《ゆめ》を抱《いだ》きました。東西《とうざい》ドイツの分断《ぶんだん》を深《ふか》めた「ベルリンの壁《かべ》」の前《まえ》で、平和統一《へいわとういつ》の未来《みらい》への展望《てんぼう》も語《かた》りました。

それらは全《すべ》て今日《こんにち》、世界各国《せかいかっこく》で推進《すいしん》されている「平和《へいわ》」「文化《ぶんか》」「教育《きょういく》」の創価の民衆運動《みんしゅううんどう》に直結《ちょっけつ》しています。


世界平和《せかいへいわ》への柱《はしら》・眼目《がんもく》・大船《たいせん》！


いかなる時代《じだい》にも、民衆《みんしゅう》の安穏《あんのん》と幸福《こうふく》を祈《いの》り、「立正安国《りっしょうあんこく》」即《そく》「世界平和《せかいへいわ》」を築《きず》く「人類和合《じんるいわごう》の柱《はしら》」とならん！

哲学不在《てつがくふざい》の混迷《こんめい》の闇《やみ》を照《て》らし、人々に生きる歓《よろこ》びと、崩《くず》れざる自他共《じたとも》の幸福《こうふく》の道《みち》を示《しめ》しゆく「希望《きぼう》の眼目《がんもく》」とならん！

生命尊厳《せいめいそんげん》と万人尊敬《ばんにんそんけい》の哲理《てつり》を掲《かか》げ、どこまでも一人を大切《たいせつ》にし、誰《だれ》も置《お》き去《ざ》りにしない「安心《あんしん》の大船《たいせん》」とならん！

これこそが、創価学会の永遠《えいえん》の誓願《せいがん》です。

地涌《じゆ》の誓願《せいがん》は壊《こわ》されない

今《いま》、人類社会《じんるいしゃかい》は新型《しんがた》コロナウイルス感染症《かんせんしょう》の世界的流行《せかいてきりゅうこう》（パンデミック）に脅《おびや》かされ、第二次世界大戦以来《だいにじせかいたいせんいらい》ともいわれる危機《きき》に直面《ちょくめん》しています。また、地球《ちきゅう》環境《かんきょう》の問題《もんだい》をはじめ、戦乱《せんらん》も絶《た》えません。

だからこそ、人類《じんるい》は断固《だんこ》として「生《せい》」の道《みち》を選《えら》ばなければならない。ともすれば人々《ひとびと》に分断《ぶんだん》を強《し》いる、この未曾有《みぞう》の脅威《きょうい》に対して、英知《えいち》を結集《けっしゅう》し、力《ちから》を合わせれば乗《の》り越《こ》えられると、不屈《ふくつ》の心で世界市民《せかいしみん》が連帯《れんたい》する時です。

各国《かっこく》の同志《どうし》においても、たとえ一時的《いちじてき》に、直接会《ちょくせつあ》ったり、集《つど》い合《あ》ったりすることが困難《こんなん》であっても、地涌《じゆ》の菩薩《ぼさつ》の誓願《せいがん》は、何《なに》ものにも壊《こわ》されません。異体《いたい》同心《どうしん》の励《はげ》ましと和合《わごう》のスクラムは、断《た》ち切《き》られません。

祈《いの》りで結《むす》ばれた結合《けつごう》は、金剛不壊《こんごうふえ》です。

「題目《だいもく》を唱《とな》え奉《たてまつ》る音《こえ》は、十方世界《じっぽうせかい》にとず《届》かずという処《ところ》なし」（新一一二一㌻・全八〇八㌻）です。

「生命《せいめい》の世紀《せいき》」への新《あら》たな挑戦《ちょうせん》を

私たちは、今《いま》こそ「広宣流布の誓願《せいがん》」の太陽を生命《せいめい》に昇《のぼ》らせ、朗《ほが》らかに、聡《そう》明《めい》に、そして勇気《ゆうき》をもって、「人間革命の前進《ぜんしん》」を、「久遠《くおん》の師弟《してい》の旅《たび》」を続《つづ》けましょう！

いよいよ二十一世紀《せいき》を「生命《せいめい》の世紀《せいき》」へと勝《か》ち開《ひら》くために！　試練《しれん》を越《こ》えて、誰もが輝《かがや》く人間主義《しゅぎ》の地球社会《ちきゅうしゃかい》の建設《けんせつ》のために！

［注解］

〈注1〉【日大講堂《にちだいこうどう》】東京・両国《りょうごく》にあったドーム型《がた》のホール。創価学会は、一九五四年（昭和二十九年）五月三日の第《だい》十回《かい》本部総会《そうかい》以来《いらい》、一九七七年までに約《やく》二百八十回《かい》の会合《かいごう》を開催《かいさい》。池田先生の第《だい》三代《だい》会長就任式《しゅうにんしき》や日中国交《こっこう》の正常化《せいじょうか》を訴《うった》えた第《だい》十一回《かい》学生部総会《そうかい》もこの会場《かいじょう》であった。

〈注2〉【発迹顕本《ほっしゃくけんぽん》】「迹《しゃく》を発《ひら》いて本《ほん》を顕《あらわ》す」と読《よ》み下《くだ》す。宿業《しゅくごう》や苦悩《くのう》を抱《かか》えた凡夫《ぼんぷ》という迹《しゃく》（仮《かり》の姿《すがた》）を開《ひら》いて、凡夫《ぼんぷ》の身《み》に、生命《せいめい》にそなわる本源的《ほんげんてき》な、慈悲《じひ》と智慧《ちえ》にあふれる仏《ほとけ》の本来《ほんらい》の境地《きょうち》（本地《ほんち》）を顕《あらわ》すこと。

〈注3〉【死身弘法《ししんぐほう》】「身《み》を死《ころ》して法《ほう》を弘《ひろ》む」と読《よ》み下《くだ》す。章安《しょうあん》の『涅槃経疏《ねはんぎょうしょ》』にある。教法流布《きょうほうるふ》の精神《せいしん》を示《しめ》したもので、身《み》を賭《と》して法《ほう》を弘《ひろ》めることをいう。

〈注4〉【開目抄《かいもくしょう》】佐渡流罪中《さどるざいちゅう》、塚原《つかはら》で御述作《ごじゅっさく》になり、文永《ぶんえい》九年（一二七二年）二月、門下一同《もんかいちどう》に与《あた》えられた書《しょ》。日蓮大聖人こそが末法《まっぽう》の主師親三徳《しゅししんさんとく》、すなわち御本仏《ごほんぶつ》であることが明《あ》かされている。

〈注5〉【現世安穏《げんぜあんのん》・後生善処《ごしょうぜんしょ》】法華経薬草喩品第《やくそうゆほんだい》五の文《もん》。法華経を信受《しんじゅ》する者《もの》は、現世《げんぜ》では安穏《あんのん》な境涯《きょうがい》となり、未来世《みらいせ》においては必《かなら》ず善処《ぜんしょ》に生まれるということ。

〈注6〉【猶多怨嫉《ゆたおんしつ》・況滅度後《きょうめつどご》】法華経法師品第十《ほっしほんだい》に「而《しか》も此《こ》の経《きょう》は、如来《にょらい》の現《げん》に在《いま》すすら猶怨嫉《なおおんしつ》多《おお》し。況《いわ》んや滅度《めつど》して後《のち》をや」（法華経三六二㌻）とある。この法華経を説《と》く時《とき》は釈尊《しゃくそん》の在《ざい》世《せ》でさえ、なお怨嫉《おんしつ》（反発《はんぱつ》、敵対《てきたい》）が強《つよ》いのだから、ましてや、釈尊《しゃくそん》が入滅《にゅうめつ》した後《のち》において、より多《おお》くの怨嫉《おんしつ》を受《う》けるのは当然《とうぜん》である、との意《い》。

〈注7〉【三類《さんるい》の強敵《ごうてき》】釈尊滅後《しゃくそんめつご》の悪世《あくせ》で法華経を弘通《ぐつう》する人を迫害《はくがい》する三種類《しゅるい》の強敵《ごうてき》。①俗衆増《ぞくしゅうぞう》上慢《じょうまん》（在家《ざいけ》の迫害者《はくがいしゃ》）②道門増上慢《どうもんぞうじょうまん》（出家《しゅっけ》の迫害者《はくがいしゃ》）③僭聖増上慢《せんしょうぞうじょうまん》（迫害《はくがい》の元凶《げんきょう》となる高僧《こうそう》）。

〈注8〉【南閻浮提《なんえんぶだい》】「一閻浮提《いちえんぶだい》」ともいう。古代《こだい》インドの世界観《せかいかん》では、世界《せかい》の中心《ちゅうしん》にあるとされる須弥山《しゅみせん》の東《ひがし》に弗婆提《ほつばだい》、西《にし》に瞿耶尼《くやに》、南《みなみ》に閻浮提《えんぶだい》、北《きた》に鬱単越《うったんのつ》の四大洲《しだいしゅう》があるとされた。このうち仏法に縁《えん》の深《ふか》いのが南《みなみ》の閻浮提《えんぶだい》であることから、私たちが住《す》む世界全体《せかいぜんたい》を指《さ》すようになった。

〈注9〉【娑婆世界《しゃばせかい》】迷《まよ》いと苦難《くなん》に満《み》ちていて、それを耐《た》え忍《しの》ばなければならない世界《せかい》。

〈注10〉【願兼於業《がんけんおごう》】「願《ねが》い、業《ごう》を兼《か》ぬ」。本来《ほんらい》、修行《しゅぎょう》の功徳《くどく》によって安楽《あんらく》な境涯《きょうがい》に生まれるべきところを、苦悩《くのう》に沈《しず》む民衆《みんしゅう》を救済《きゅうさい》するために、自《みずか》ら願《ねが》って、悪世《あくせ》に生まれること。

〈注11〉【上行菩薩《じょうぎょうぼさつ》】法華経従地涌出品第十五《じゅうじゆじゅっぽんだい》で、釈尊《しゃくそん》が滅後《めつご》の弘通《ぐつう》を託《たく》すために呼《よ》び出《いだ》した久遠《くおん》の弟子《でし》である地涌《じゆ》の菩薩《ぼさつ》の上首《じょうしゅ》（リーダー）。神力品第《じんりきほんだい》二十一では、地涌《じゆ》の菩薩《ぼさつ》の代表《だいひょう》として釈尊《しゃくそん》から付嘱《ふぞく》を受《う》けた。

〈注12〉【地涌《じゆ》の義《ぎ》】「諸法実相抄《しょほうじっそうしょう》」に「日蓮一人《にちれんいちにん》はじめは南無妙法蓮華経と唱《とな》えしが、二人《ににん》・三《さん》人《にん》・百人《ひゃくにん》と次第《しだい》に唱《とな》えつた《伝》うるなり。未来《みらい》もまたしかるべし。これ、あに地涌《じゆ》の義《ぎ》にあらずや」（新一七九一ページ・全一三六〇ページ）と仰《おお》せられている。

〈注13〉【ラダクリシュナン博士】一九四四年〜。インド・ケララ州《しゅう》生まれ。アンナマライ大学で博士号を取得《しゅとく》。ガンジーの研究《けんきゅう》を通《つう》じて平和運動《へいわうんどう》に携《たずさ》わる。一九九〇年〜二〇〇一年、国《こく》立《りつ》ガンジー記念館館長《きねんかんかんちょう》を務《つと》める。池田先生との対談集《たいだんしゅう》『人道《じんどう》の世紀《せいき》へ　ガンジーとインドの哲学《てつがく》を語《かた》る』のほか、著書《ちょしょ》に『池田大作　偉大《いだい》なる魂《たましい》』『ガンジー・キング・イケダ――非暴力《ひぼうりょく》と対話《たいわ》の系譜《けいふ》』などがある。

〈注14〉【億劫《おくごう》の辛労《しんろう》】「御義口伝《おんぎくでん》」で涌出品《ゆじゅっぽん》の「昼夜《ちゅうや》に常《つね》に精進《しょうじん》す、仏道《ぶつどう》を求《もと》めんがための故《ゆえ》なり」について「一念《いちねん》に億劫《おくごう》の辛労《しんろう》を尽《つ》くせば、本来無作《ほんらいむさ》の三身念々《さんじんねんねん》に起《お》こるなり。いわゆる南無妙法蓮華経は精進行《しょうじんぎょう》なり」（新一〇九九ページ・全七九〇ページ）と述《の》べられた言葉《ことば》。

池田大作（いけだ・だいさく）

1928年（昭和3年）、東京生まれ。創価学会名誉会長。創価学会インタナショナル（SGI）会長。創価大学、アメリカ創価大学、創価学園、民主音楽協会、東京富士美術館、東洋哲学研究所、戸田記念国際平和研究所などを創立。世界各国の識者と対話を重ね、平和、文化、教育運動を推進。国連平和賞のほか、モスクワ大学、グラスゴー大学、デンバー大学、北京大学など、世界の大学・学術機関の名誉博士、名誉教授、さらに桂冠詩人・世界民衆詩人の称号、世界桂冠詩人賞、世界平和詩人賞など多数受賞。

著書は『人間革命』（全12巻）、『新・人間革命』（全30巻）など小説のほか、対談集も『二十一世紀への対話』（A・J・トインビー）、『二十世紀の精神の教訓』（M・ゴルバチョフ）、『平和の哲学　寛容の智慧』（A・ワヒド）、『地球対談　輝く女性の世紀へ』（H・ヘンダーソン）など多数。

誰もが輝く
「人間主義の世紀」へ！

発行日　二〇二二年五月三日

著　者　池田大作
発行者　松岡　資
発行所　聖教新聞社
〒一六〇―八〇七〇　東京都新宿区信濃町七
電話　〇三―三三五三―六一一一（代表）

印刷・製本　図書印刷株式会社

定価は表紙に表示してあります

ISBN978-4-412-01689-7